PROFIL

Collection dirigée p...

LE FRANÇAIS SANS FAUTE

P. DAGNAUD-MACÉ
et G. SYLNÈS

Préface de André
ROUGERIE

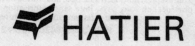

HATIER

PRÉFACE

On n'est pas sans connaître, fût-ce par ouï-dire, les recherches poursuivies en France comme à l'étranger en vue du renouvellement de l'enseignement de la langue. Il n'est pas douteux qu'elles porteront leurs fruits, mais le temps doit faire son œuvre. Pour le moment, la plupart des travaux sont difficilement accessibles. Le lecteur désireux de s'informer se perd dans le foisonnement des théories et ne sait comment prendre parti dans les controverses. L'opinion des linguistes les plus sages est d'ailleurs sans ambiguïté. « Il ne faut jamais oublier, écrit Georges Mounin, que la linguistique française, au sens actuel du terme, vient de naître, et qu'elle reste mal prête à répondre aux pédagogues. » Que dire alors du grand public qui attend des solutions nettes à ses cas de conscience ? C'est à cette fin que visent les auteurs du présent manuel, tant en ce qui concerne la syntaxe et le lexique que l'orthographe. On ne peut que les louer d'observer la prudence de la nomenclature grammaticale du 22 juillet 1975 et de faire état de l'arrêté du 28 décembre 1976 qui apporte des simplifications aux problèmes orthographiques.

La disposition des remarques en regard des exemples facilite la consultation de cet ouvrage sérieux et clair, des conclusions sobres faisant le point. L'insistance sur l'emploi des temps et des modes, source de nombreux écarts, les listes aussi exhaustives que possible de vocables offrant des difficultés d'ordre divers, la mise en garde contre les confusions de sens et les pléonasmes les plus courants, les conseils sur le choix opportun de l'accent, de la majuscule, autant d'enseignements pratiques et précieux pour l'usager soucieux de la pureté et de la rigueur de sa langue.

ANDRÉ ROUGERIE

© HATIER, PARIS 1978

ISSN 0337-1425   ISBN 2-218-03764-5

AVANT-PROPOS

Ce livre permet de résoudre les difficultés essentielles de construction et d'accord, au moyen de l'**index**. C'est ainsi que vous trouverez facilement, grâce à des exemples :

- si les adjectifs de couleur, tels « vert » ou « gris clair », sont invariables ou non,
- si l'on écrit des « timbres-poste » et des « passe-partout »,
- si le participe passé « ri » dans « ils se sont ri de nous » prend la marque du pluriel ou non,
- si, après « l'un ou l'autre », le verbe se met au singulier ou au pluriel,
- si vous devez écrire « plus tôt » ou « plutôt »,
- si vous devez écrire « aller à... » ou « aller en... »,
- si vous devez employer l'indicatif ou le subjonctif après « puisque » ou « bien que »,
- si vous devez écrire avec un seul « b » ou deux « b » les mots commençant par le son « ab »,
- etc.

C'est un **ouvrage pratique** que vous avez entre les mains.

Que cet ouvrage comporte des omissions ou des imperfections, nul ne le sait mieux que les auteurs, car, avant de se résoudre à choisir tel exemple, à inclure tel mot dans une liste, ils ont dû s'interroger longuement devant les affirmations parfois contradictoires contenues dans les nombreux livres qu'ils ont consultés. Mais tel qu'il est, il peut rendre service, et les auteurs remercient par avance les lecteurs qui leur signaleraient les difficultés rencontrées dans son usage par les élèves ou par eux-mêmes.

Les auteurs ont une gratitude toute particulière pour Monsieur André ROUGERIE, dont les ouvrages font autorité, et qui a bien voulu leur prodiguer ses précieux conseils.

P.D.-M. et G.S.

SOMMAIRE

1. LES ACCORDS

1. ACCORD DE L'ADJECTIF QUALIFICATIF

EXEMPLES	REMARQUES
1. Les conséquences de cette sécheresse exception**nelle** sont déjà très visib**les** : l'herbe est maig**re**, les jardins sont se**cs**, les récoltes chéti**ves**.	L'adjectif qualificatif s'accorde en genre (masculin ou féminin) et en nombre (singulier ou pluriel) avec le nom (ou le pronom) auquel il se rapporte.
2. Un stylo **et** un crayon neuf**s**.	Si l'adjectif accompagne plusieurs noms de même genre, employés au singulier et liés par **et**, il prend le **pluriel** avec leur genre.
3. a) Une jupe et un manteau ble**us**. b) Un manteau et une jupe ble**us**.	Lorsque les noms sont de **genres différents,** l'adjectif se met au **masculin pluriel**. Les deux phrases 3 a et 3 b sont correctes, mais il est préférable de mettre le nom masculin près de l'adjectif et donc de n'utiliser que la phrase 3 a. Mais on dira : « le gouvernement et la force publ**ique** » (parce que « publique » ne se rapporte manifestement qu'à « force »).
4. a) On demande pour cet emploi un homme ou une femme âg**és**. b) Elle fait preuve de naïveté ou de malice extraordinai**re**.	Si les mots sont séparés par « ou », et s'il n'y a **pas une idée d'opposition**, l'adjectif prend la marque du **pluriel** (a). Si l'un des mots exclut l'autre, c'est-à-dire si « ou » évoque **une idée d'opposition, de choix nécessaire**, l'adjectif s'accorde **avec le dernier mot** (b).

5. Un désir, une force, un enthousiasme nouv**eau** s'empara de moi.

Si les mots séparés par une virgule marquent une **progression**, l'adjectif s'accorde avec le dernier nom.

6. Une bande de fourmis noir**es**.
. Des faùtes d'orthographe facil**es** à éviter.
. Tableau des unités de mesure légal**es**.

Avec un nom suivi d'un complément, c'est **le sens** qui détermine l'accord.

7. Elle a l'air insolent (ou insol**ente**).

Les deux accords sont possibles, soit avec air, soit avec elle (elle a l'aspect insolent ou elle semble insolente). On dira :
a) elle a l'air cont**ente** de son sort. Elle a l'air plei**ne** de bonne volonté. Elle a l'air : elle paraît;
b) elle a l'air conten**t** d'une femme heureuse.

8. Ses manières n'ont pas l'air sérieu**ses**.

Lorsque le sujet est un **nom de choses**, l'accord se fait avec lui, ici avec manières.

9. Je suis **nu**-tête sous la pluie, et cela fait une **demi**-heure que j'attends.

Nu lié par un trait d'union avec tête, jambes, pieds est **invariable**. Mais on écrira : « Elle est tête **nue**. »
Demi est invariable lorsqu'il précède le nom et qu'il y a un trait d'union.
Sans trait d'union, l'arrêté du 28 décembre 1976 tolère l'accord de nu et demi.

10. Il est huit heures et dem**ie**.
– Trois litres et dem**i**.

Placé après le nom, « **demi** » s'accorde en **genre** seulement. Mais dans la phrase : « le beffroi sonne les heures et les demies », demie est un nom.

11. A **mi**-parcours, nous arrivâmes dans une région **semi**-désertique.

Mi et **semi** sont toujours **invariables** et sont suivis d'un trait d'union.

12. a) Pour arriver à l'heure, vous devez faire le moins possib**le** de détours ou le moins de détours possib**le(s)**.
b) Pour arriver à l'heure, prenez tous les moyens possib**les**.

Possible, selon le meilleur usage, est **invariable** après **le plus** ou **le moins**, c'est-à-dire lorsque l'adjectif est au superlatif relatif. Pourtant, dans ce cas, de nombreux auteurs lui donnent la marque du pluriel, lorsqu'il est placé après un nom au pluriel.
Sans la présence d'un superlatif, « possible » s'accorde avec le nom auquel il se rapporte (ex. 12 b).

13. C'est une ville des moins pollu**ées**.

Avec les expressions **des moins, des mieux, des plus,** l'adjectif se met généralement au **pluriel**.

14. Elles se faisaient fort (ou for**tes**) de réussir.

L'arrêté du 28 décembre 1976 tolère l'accord dans l'expression « se faire fort de ».

15. Elle chantait **faux**.

L'adjectif qui a **un sens adverbial** est **invariable;** ainsi : sentir bon, coûter cher, couper court, sonner creux, boiter bas, voir clair, filer doux, marcher droit, tomber dru, tenir ferme, parler franc, crier fort, sauter haut, viser juste, peser lourd, boire sec, etc.

16. a) Les **vieilles** gens sont ordinairement des gens séri**eux**.
b) Les méchan**tes** gens que j'ai rencontr**és**.
c) Quelles sot**tes** gens!
d) Quel**s** braves gens!
e) Il faut s'accommoder de tou**tes** gens (Académie).
f) Tou**s** les gens d'affaires...

Avec « gens » qui est du masculin pluriel :
a) les adjectifs placés **immédiatement avant** se mettent au **féminin;**
b) les adjectifs placés **après** se mettent au **masculin,** ainsi que les adjectifs placés **avant** mais qui ont la même terminaison pour les deux genres (brave, honnête, jeune, pauvre, agréable, noble, superbe, etc.);
c) avec les expressions telles que « gens d'affaires », etc., considérées comme des ensembles, le **masculin** est de règle.

8

17. Quand **on** est jeunes, riches et jolies, comme vous, **Mesdames,** on n'en est pas réduites à l'artifice (Diderot).

Si «on» désigne **manifestement un pluriel** (ici Mesdames), l'adjectif se met au pluriel: «On est (des femmes) jeunes, riches et jolies.» Il faut noter que l'Académie n'accepte pas encore cet emploi du pluriel, sauf dans des expressions comme: «On n'est pas des esclaves.»

18. Un **bel** homme, un **fol** amour, un **mol** édredon, le **nouvel** an, un **vieil** ami.

Cinq adjectifs ont deux formes au masculin. On dit: «beau, fou, mou, nouveau, vieux» devant les mots commençant par une consonne ou par un h aspiré.
On dit: «bel, fol, mol, nouvel, vieil» immédiatement devant les mots dont l'initiale est **une voyelle** ou **un h muet**.
Remarquez que le féminin se dérive de la dernière forme.

L'adjectif qualificatif reçoit la marque du genre (masculin, féminin) et la marque du nombre (singulier, pluriel) du nom ou du pronom qu'il accompagne et auquel il se rapporte.

2. ADJECTIFS DE COULEUR

Sont-ils invariables ou non?

Exemple : des robes bleues et des jupes bleu clair.

SONT INVARIABLES	S'ACCORDENT EN GENRE ET EN NOMBRE
	(prennent la marque du féminin ou du pluriel)

acajou	
ardoise	alezan
argent	...
auburn	...
aurore	...
azur	bai
bai foncé	beige
	blanc
bordeaux	bleu
brun foncé	brun
carmin	
cerise	...
chamois	...
châtaigne	châtain (1)
chocolat	...
citron	...
corail	...
crème	cramoisi
ébène	...
filasse	écarlate
grenat	fauve
gris beige	gris
groseille	...
havane	...

1. Châtain ne s'est longtemps employé qu'au masculin.

SONT INVARIABLES	S'ACCORDENT EN GENRE ET EN NOMBRE
	(prennent la marque du féminin ou du pluriel)

indigo	incarnat
isabelle	...
ivoire	...
jaune sable	jaune
jonquille	...
jus-de-raisin	
kaki	mauve
marron	mordoré
noir de jais	noir
noisette	...
ocre	...
olive	...
or	...
orange	orangé
paille	...
pie	pourpre
prune	rose
rouille	rouge
saumon	...
tabac	...
tête-de-nègre	...
turquoise	
	vert
	violet

---

1. L'adjectif simple désignant la couleur est **variable** : des fleurs blanches.
2. L'adjectif de couleur, suivi d'un nom ou d'un autre adjectif, est **invariable** : une robe bleu roi, des vestes gris clair.
3. Si la couleur est désignée par un nom pris adjectivement, simple ou composé, celui-ci est **invariable**, sauf rose, mauve, fauve, pourpre, écarlate :
– des yeux noisette, des habits marron.
– un tailleur aux rayures marine sur fond blanc.
– des cheveux poivre et sel.

3. ACCORD DU VERBE AVEC SON SUJET OU SES SUJETS

EXEMPLES	REMARQUES
1. Vous dit**es** que ce perroquet parl**e**, mais pourtant les animaux ne parl**ent** pas.	Le verbe s'accorde en nombre (singulier ou pluriel) et en personne (1re, 2e ou 3e personne du singulier ou du pluriel) avec son sujet.
2. Jacques, assurai**ent** ses amis, était parti à la campagne.	Le sujet de « assuraient » est « ses amis », placé après. Avant d'écrire un verbe, recherchez son sujet, et faites l'accord.
3. a) **Il m'a fallu** de nombreux efforts pour arriver au bout de ce travail. b) **Il y avait** de nombreux spectateurs. c) **Il se passait** bien des événements. d) **Il arrivait** des avions.	Les verbes impersonnels ou pris impersonnellement s'accordent avec « il » (3e personne du singulier).
4. a) Une bande de singes s'échapp**a** (s'échapp**èrent**) du zoo. b) La bande de singes s'échapp**a** du zoo.	a) Avec un sujet collectif précédé de **un** ou **une,** on fait l'accord avec le collectif (une bande) ou son complément (singes), suivant l'idée qui domine dans la pensée de l'auteur. b) Avec un sujet collectif précédé de l'article défini : **le, la, les,** d'un démonstratif : **ce, ces, cet, cette,** ou d'un possessif : **son, sa, ses,** l'accord se fait avec le collectif.

5. Une file de voitures s'arrêta (ou s'arrêt**èrent**) au péage.

De même pour : une troupe de, une foule de, une multitude de, un paquet de, un certain nombre de, une centaine de, un quart de, un tiers de, une infinité de, une nuée de, etc.

6. La plupart des élèves de la classe maternelle ne **purent** quitter l'école à cause de l'orage, et beaucoup en **furent** désolés.

La plupart, beaucoup, peu, combien, assez, tant, trop, etc., sont suivis du verbe au **pluriel si le complément est au pluriel,** et uniquement dans ce cas.

7. Depuis la pose de la première pierre, plus d'un ouvrier quitta le chantier, mais moins de dix **furent** malades.

Avec **plus d'un,** l'accord du verbe est **facultatif** suivant le sens (plus d'un de ces hommes était (étaient) à plaindre).
Avec **moins de,** il se met au **pluriel,** parce que le nombre « dix » s'impose à l'esprit pour l'accord.

8. a) Presque tout le monde approuva ce projet.
b) Un peu de connaissances suffit ou suff**isent**.
. Le peu de qualités dont il a fait preuve l'**a** fait éconduire (Ac.).
. Le peu de services qu'il a rendus **ont** paru mériter une récompense (Ac.).

Avec **tout le monde,** le verbe prend la marque du **singulier.**
Avec **peu** (un peu, le peu), le verbe s'accorde avec le peu ou avec le complément selon que l'on insiste sur l'idée de « peu » ou sur le complément.

9. Vous êtes le seul ami qui me **restiez** (ou qui me reste).

Accord avec **vous** plutôt qu'avec « ami », mais les deux sont possibles. Noter que le verbe de la relative est au subjonctif après « le seul », « le premier », « l'unique », etc.

10. Qui m'aime me suive!

Qui, sans antécédent, est suivi du singulier (qui ⁼ celui qui).

11. a) C'est moi qui **ai** signé le premier ce contrat.
b) C'est nous qui **avons**...

a) Accord avec **moi.** (L'antécédent de qui est **moi,** 1ʳᵉ personne du singulier.)
b) Accord avec **nous** (1ʳᵉ personne du pluriel).

12. a) C'est toi qui **iras** le préve-
nir.
b) C'est vous qui **irez**...

a) Accord avec **toi**. (L'antécédent de qui est **toi**, 2ᵉ personne du singulier.)
b) Accord avec **vous** (2ᵉ personne du pluriel).

13. Je suis **une** femme qui **veux** (**veut**) n'en faire qu'à sa tête.

Accord avec « je » (1ʳᵉ personne du singulier) ou avec « femme » (3ᵉ personne du singulier), à cause de l'article **indéfini**.

14. Je suis **la** femme qui **est** pilote de course.

Accord avec « femme », à cause de l'article **défini**. Même accord avec « je suis **cette** femme qui est... ».

15. Nous ne sommes pas de **ceux** qui **disent** du mal de leurs voisins.

Accord avec « ceux » et non avec « nous ».
Il en est ainsi avec tous les pronoms démonstratifs.

16. Le chien **et** le chat se chauf-**faient** au coin du feu.

Avec deux sujets liés par **et**, le verbe se met au **pluriel.**

17. L'homme **comme** la femme circul**aient** à bicyclette.

Comme a valeur de « et » (idée d'addition).

18. Le merle, **comme** le verdier, constru**it** un nid.

Comme a valeur de comparaison, le verbe se met **en principe au singulier.** Mais l'arrêté du 28 décembre 1976 admet le pluriel, pour les sujets unis par **ni, comme, avec, ainsi que.**

19. Ni Louis ni sa femme ne viendra (**viendront**) à notre fête.

On met le **singulier** si chaque sujet est considéré **isolément** et le **pluriel** si les sujets sont considérés **ensemble.**

20. Jacques et moi **aimons** le ski.

Accord avec la 1ʳᵉ personne du pluriel (Jacques et moi, **nous** aimons).

21. Brigitte et toi **aimez** la marche à pied.

Accord avec la 2ᵉ personne du pluriel (Brigitte et toi, **vous** aimez).

22. La peur ou la misère ont fait commettre bien des fautes (Académie).
La douceur ou la violence en viendra à bout (Académie).

Lorsque deux sujets sont reliés par **ou**, « le pluriel, dit Littré, est la construction la plus naturelle, mais si l'idée de disjonction prévaut dans l'esprit de celui qui écrit, on peut mettre le singulier ».

23. Un chien, un chat, un lapin, un mulot, un coq **avaient** élu domicile dans ce hangar.

Après une **accumulation** dans une énumération, **le verbe se met au pluriel.**

24. La simplicité, la candeur, la naïveté de ma sœur nous étonn**ait** (ou étonn**aient**).

Avec plusieurs sujets de **sens voisin**, le verbe s'accorde généralement **avec le plus rapproché.** Mais l'arrêté du 28 décembre 1976, dans le cas de plusieurs sujets non unis par la conjonction « et », admet que le verbe soit mis au pluriel, sauf si les sujets sont résumés par un mot indéfini tel que « tout », « rien », « chacun ». (Exemple : La simplicité, la candeur, la naïveté de ma sœur, **tout cela** nous étonn**ait** profondément.)

25. a) **Soit** (ou **soient**) deux triangles isocèles.
b) Peu **importe** (ou **importent**) ces difficultés !
c) **Vive** (ou **vivent**) les vacances !

Dans le cas de **soit, peu importe, qu'importe, vive,** vous avez le choix entre l'accord ou non.
« Vive » est senti aujourd'hui dans la langue courante comme une interjection invariable.

Le verbe s'accorde en nombre et en personne avec son sujet ou avec ses sujets.

4. PARTICIPE PASSÉ EMPLOYÉ SANS AUXILIAIRE

EXEMPLES	REMARQUES
1. L'an **passé**. L'année **passée**.	« Passé » est employé comme adjectif épithète et s'accorde.
2. Je la trouve **fatiguée**.	« Fatiguée » est employé comme attribut de **la** et s'accorde avec ce pronom.
3. Excepté les enfants, tout le monde doit partir.	Dans l'usage actuel, les participes passés suivants sont **invariables** lorsqu'ils sont placés **devant** un nom ou un pronom : accepté, approuvé, attendu, certifié, compris, non compris, y compris, entendu, sous-entendu, excepté; lu, ôté, reçu, supposé, vu. Toutefois, l'arrêté de 1976 permet l'accord pour tous ces participes, qu'ils soient placés au commencement ou dans le corps de la phrase.
4. Les enfants **exceptés**, tout le monde doit partir.	Les mêmes mots (accepté, approuvé, etc.) placés **après** le nom sont **variables.**
5. Ci-inclus copie (ou « la copie ») d'un arrêté municipal.	**En tête de phrase,** « ci-joint », « ci-inclus », « ci-annexé » sont **invariables** d'après l'usage actuel.

6. Veuillez trouver **ci-joint** facture de votre commande.

Dans le corps de la phrase. « ci-joint », « ci-inclus », « ci-annexé », devant un nom sans article, sont **invariables** d'après l'usage actuel.

7. Vous trouverez **ci-inclus** (ou **ci-incluse**) la copie de l'arrêté.

Devant un nom **avec article,** l'accord est **facultatif.**

8. Veuillez lire la note **ci-jointe.**

Placé **après** le nom, « ci-joint » **s'accorde,** comme « ci-inclus » ou « ci-annexé ».

9. **Mis à part** (ou **mise à part**) son objection, l'accord est unanime.

Lorsque l'expression « mis à part » est suivie d'un nom ou d'un pronom, l'accord du participe est **facultatif.** Après le nom, il s'accorde (son objection mise à part...).

10. Les personnes **soussignées** s'engagent à...

« Soussigné » s'accorde avec le nom ou le pronom : je soussigné (masc.), je soussignée (fém.), nous soussignés/ées (pluriel).

Le participe passé employé sans auxiliaire s'accorde comme un adjectif avec le nom ou le pronom qu'il accompagne.

---

5. PARTICIPE PASSÉ AVEC L'AUXILIAIRE AVOIR

EXEMPLES	REMARQUES
1. Les garçons ont **obéi** à leur moniteur.	Le verbe n'**a pas de complément d'objet direct** : le participe passé reste **invariable** (ne s'accorde pas).
2. J'ai **cueilli** des cerises.	**Cueilli** est **invariable** parce que le complément (cerises) est placé **après** le verbe.
3. a) Les cerises que j'ai **cueillies.**	3 a) Cueill**ies** parce que le complément (que, mis pour cerises) est placé **avant** le verbe.
b) J'ai **reçu** toutes les lettres que vous m'avez **écrites.**	3 b) La place du complément d'objet direct **détermine l'accord** ou **le non-accord.**
4. Les livres que m'a **prêtés** Jacques.	Le complément « que » représente **livres** : le verbe s'accorde avec livres.
5. Les acteurs que j'ai **vus** jouer.	Règle pratique : il s'agit ici de la forme active : j'ai vu que les acteurs jouaient.
6. Les films que j'ai **vu** jouer.	Règle pratique : les films sont joués (forme passive).
7. Les pommes que j'ai **fait** acheter.	« **Fait** » suivi d'un infinitif est toujours **invariable.**

8. Les précurseurs qu'ils ont **été** dans ce domaine.

Le participe passé « **été** » est toujours **invariable**.

9. Il lui a rendu tous les services qu'il a **pu**.

Le participe passé « **pu** » est toujours **invariable**.

10. Il n'a pas obtenu tous les succès qu'il aurait **voulu** (ou **dû, cru**).

Lorsque, après « voulu » (ou dû, cru, su, pu, permis, pensé, prévu...). l'infinitif « obtenir » est sous-entendu, il n'y a pas d'accord.

11. Les cinquante ans qu'il a **vécu**. Les dix ans qu'il a **régné**.

Vivre, régner sont ici **intransitifs** (sous-entendu : « pendant lesquels »). Il s'agit d'un complément circonstanciel de temps.
(Mais on dira : « La vie qu'il a **vécue**.)

12. a) Les quatre-vingts kilos qu'il a **pesé** autrefois.
b) Les marchandises qu'il a **pesées**.

Peser est ici **intransitif** (idée de quantité : combien a-t-il pesé?). Si « que » est complément circonstanciel : pas d'accord; si « que » est complément d'objet direct : accord.

13. Les quarante francs que ce livre m'a **coûté**.

Coûter employé au **sens propre** (idée de prix) est intransitif. (Même chose pour « payé », « valu ».)

14. Les efforts que ce travail nous a **coûtés**.

Coûter employé au **sens figuré** est transitif. (De même pour « payer », « valoir ».)

15. Des cerises, j'**en** ai déjà **mangé**.

Le participe passé précédé de « en » doit rester **invariable**, car le sens est partitif. Mais on doit dire, avec Voltaire, « la traduction que j'en ai faite », parce que, dans ce cas, le complément d'objet est « que » qui représente « traduction » et non « en ».

16. Cette bêtise-là, je ne l'ai pas **faite**.

« l' » représente la bêtise : on applique la règle.

17. Que les enfants soient turbulents en ce jour de départ, je l'avais **prévu**.

« l » représente toute la première proposition, il peut être remplacé par cela; dans ce cas, le participe passé est **invariable**.

18. Que de détours **il a fallu** pour arriver au but !

Le participe passé des **verbes impersonnels** (il faut, il y a, il pleut, il fait froid, etc.) est **invariable** : « les tempêtes qu'il y a eu ».

19. La multitude d'animaux sauvages que j'ai **vus** (ou **vue**) en Afrique.

Ici le sens commande : **vue** si on insiste sur la multitude, **vus** si l'on pense aux nombreux animaux. Toutefois l'arrêté du 28 décembre 1976 permet l'accord avec le mot collectif ou son complément.

20. Le peu d'efforts qu'il a **fait** (ou **faits**).

On insiste sur « le peu », ou bien on reconnaît qu'il a fait quelques efforts.

21. C'est la leçon que nous avons **laissée** (ou **laissé**) à étudier.

Ici l'accord est facultatif.

22. a) Combien d'erreurs avez-vous fai**tes** ?

a) Si le nom **complément** de **combien** est placé **avant** le verbe, le participe passé **s'accorde** avec le nom.

b) Combien avez-vous **fait** d'erreurs ?

b) S'il est placé **après**, le participe passé reste **invariable.**

c) Des erreurs, combien en avez-vous **fait** ?

c) Dans la phrase c) avec **en, il est préférable de laisser invariable** le participe passé.

– Le participe passé conjugué avec l'auxiliaire **avoir** s'accorde avec le complément d'objet direct placé **AVANT** le verbe.
– Il est invariable :
1. quand le complément d'objet direct est placé **APRÈS** le verbe; 2. quand il n'y a pas de complément d'objet direct.
– Le participe passé conjugué avec l'auxiliaire **avoir** ne s'accorde jamais avec le sujet du verbe.

---

6. PARTICIPES PASSÉS INVARIABLES AVEC AVOIR

Les verbes intransitifs, transitifs indirects et impersonnels n'ont pas de complément d'objet direct : leur participe passé reste **invariable**.
En voici une liste comprenant les plus utilisés.

Exemple : « Elles n'ont pas souri. »

abondé	contribué	flotté
accédé	conversé	foisonné
achoppé	convolé	folâtré
afflué	coopéré	fonctionné
agi	correspondu	fourmillé
agonisé	culminé	fraternisé
appartenu	daigné	frémi
attenté	déjeuné	frétillé
badiné	démérité	frissonné
baguenaudé	démordu	gémi
batifolé	déplu	gravité
bavardé	désobéi	grelotté
bondi	détoné	grimacé
blémi	détonné	grisonné
brillé	devisé	grogné
bronché	dîné	guerroyé
cadré	discouru	herborisé
capitulé	disparu	hésité
caracolé	divagué	immigré
chancelé	dormi	influé
cheminé	duré	insisté
circulé	erré	intercédé
clignoté	été	jailli
coexisté	éternué	jeûné
coïncidé	étincelé	joui
commercé	excellé	langui
comparu	existé	larmoyé
compati	faibli	lésiné
concouru	failli	louvoyé
condescendu	fallu	lui
contrevenu	flâné	lutté

21

maraudé	pullulé	soupé
médit	raffolé	sourcillé
menti	râlé	souri
miaulé	rampé	subsisté
mugi	réagi	subvenu
navigué	récriminé	succédé
neigé	regorgé	succombé
nui	rejailli	suffi
obéi	relui	surgi
obtempéré	remédié	surnagé
officié	renâclé	survécu
opté	reparu	sympathisé
oscillé	résidé	tablé
pâli	résisté	tardé
parlementé	résonné	tâtonné
participé	resplendi	tempêté
pâti	ressemblé	temporisé
patienté	résulté	tergiversé
péché	retenti	tournoyé
péri	ri	toussé
périclité	ricané	transigé
persévéré	rivalisé	trébuché
persisté	rôdé	tremblé
pesté	ronflé	trépigné
pétillé	rugi	triomphé
philosophé	ruisselé	trôné
pleurniché	rusé	trotté
plu (plaire)	sautillé	trottiné
plu (pleuvoir)	scintillé	végété
pouffé	séjourné	verbalisé
préexisté	semblé	vibré
procédé	sévi	vogué
profité	siégé	voyagé
progressé	sombré	zigzagué
prospéré	sommeillé	

N.B. – 1) Pallier, préjuger (1) et vitupérer (2) sont des verbes transitifs directs, donc leurs participes passés sont variables. 2) Voir page 23 une liste de verbes intransitifs dont le participe passé est variable parce qu'ils forment leurs temps composés avec être.

1. La langue actuelle utilise aussi « préjuger » comme transitif indirect = préjuger d'une décision ».
2. Il arrive à de bons écrivains d'écrire « vitupérer contre », par analogie avec invectiver contre.

7. PARTICIPE PASSÉ EMPLOYÉ AVEC ÊTRE

(ou **sembler, paraître,** etc.)

EXEMPLES	REMARQUES
1. **L'heure** de la récréation est **venue.**	Accord de **venue** avec heure qui est féminin singulier.
2. **Ils** sont **faits** l'un pour l'autre.	Accord de **faits** avec ils, masculin pluriel.
3. La Valse et le Boléro de Ravel ont été enregistr**és.**	Avec deux sujets de **genre différent,** le participe passé se met au **masculin pluriel.**
4. – Nous sommes arriv**és.** – Nous sommes arriv**ées.** – Vous êtes persuadé **(s).** – Vous êtes persuad**ée (s).**	L'accord de **arrivé** et de **persuadé** dépend de la personne ou des personnes représentées par nous et vous.
5. Les consignes étant **données,** nous pûmes commencer le travail.	Accord avec consignes, féminin pluriel.
6. a) **Étant donné** les consignes, le travail était impossible. b) **Étant donné que** les consignes étaient strictes, le travail était impossible.	Placé **en tête de phrase** ou **devant un nom,** « étant donné » est, **de préférence, invariable.** « Étant donné que » est **toujours** invariable.

Le participe passé employé avec être s'accorde en genre et en nombre avec le sujet du verbe ou avec le nom auquel il se rapporte.

Notez que les verbes suivants, toujours intransitifs, forment leurs temps composés avec être. Leur participe passé est donc variable :

aller	échoir	partir	revenir
arriver	entrer	parvenir	venir
décéder	mourir	repartir	
devenir	naître	rester	

8. PARTICIPE PASSÉ
DES VERBES PRONOMINAUX

Employés avec l'auxiliaire être, les verbes pronominaux se conjuguent avec un pronom personnel de la même personne que le sujet : me, te, se, nous, vous.

EXEMPLES	REMARQUES
1. Ils se sont **enfuis** de l'école.	**S'enfuir** est un verbe qui n'existe que sous la forme pronominale (« enfuir » n'existe pas et on ne peut pas dire : « ils » ont enfui eux-mêmes »). Le pronom **se** n'a pas de fonction. Ces verbes sont dits essentiellement pronominaux. **Dans ce cas l'accord se fait avec le sujet.** C'est ce qui se passe pour tous les verbes de la liste, p. 27.
2. Elle s'était **arrogé** des droits exorbitants.	« S'arroger » est **la seule exception** à la règle précédente, et l'on dira : « les droits qu'elle s'était arrogés », car ce verbe admet un complément d'objet direct.
3. La maison qu'il s'était **construite.**	On peut dire : « il **avait** construit à lui-même la maison ». Dans ce cas, accord avec le complément d'objet direct qui est placé *avant* (« que » représente « maison »). Mais on dira : « Elle s'était construit une maison », parce que le complément d'objet direct est placé après.
4. Elles se sont **lavées.**	On peut dire : « Elles **ont** lavé qui? Elles-mêmes. » Dans ce cas, **accord** avec le complément d'objet direct qui est placé **avant.**
5. Elles se sont **lavé** les pieds.	On peut dire : « Elles **ont** lavé les pieds à elles-mêmes. » Le complément d'objet direct est placé **après,** donc **pas d'accord.** Se est complément d'objet indirect.

6. Les pommes se sont bien **vendues** cette année.

Accord avec le sujet : **se vendre** est un verbe pronominal à sens passif.

7. Ils se sont **nui**.

Se nuire : verbe qui n'admet pas de complément d'objet direct. **Pas d'accord** pour son participe passé.

8. Ces deux députés **se sont succédé** à la présidence de l'assemblée.

Se succéder : même remarque que pour **se nuire**.

9. Pendant longtemps, les deux fils de cette femme se sont **ressemblé**.

Se ressembler : même remarque que pour **se nuire**.
Les verbes pronominaux qui n'admettent pas de complément d'objet direct, qui ont donc un participe passé invariable, sont les suivants : se complaire, se convenir, se déplaire, s'entre-nuire, se mentir, se nuire, se parler, se plaire, se ressembler, se rire, se sourire, se succéder, se suffire, se survivre, s'en vouloir.

10. Elles se sont **échappées** du couvent.
Nous nous sommes **doutés** de notre erreur.

Lorsque le verbe pronominal forme un ensemble où le pronom « se » n'a pas de fonction (ni complément d'objet direct, ni complément d'objet indirect), l'accord du participe passé se fait avec le **sujet**.
Il en est ainsi pour : s'apercevoir de, s'attaquer à, s'attendre à, s'ennuyer de, se jouer de, se manifester par, se plaindre à ou de, se saisir de, se taire. (N.B. Remarquez que le sens est différent de celui de la forme active.)

Règles particulières aux verbes pronominaux

1. Pour les verbes essentiellement pronominaux (voir liste p. 27), **pour les verbes pronominaux à sens passif, pour les verbes pronominaux non réfléchis** (voir liste à l'exemple n° 10), **il y a accord du participe passé avec le SUJET.**
Dans ce cas, la substitution de « avoir » à « être » donne une phrase sans signification (ex. n° 1).

2. Pour les verbes pronominaux réfléchis ou réciproques :
– Il y a accord du participe passé avec le **COMPLÉMENT D'OBJET DIRECT**, si celui-ci est placé **AVANT**.
– Il n'y a pas d'accord si le complément d'objet direct est placé **APRÈS** ou si le verbe n'admet pas de complément d'objet direct.
Dans ce cas, la substitution de « avoir » à « être » garde un sens à la phrase et permet de rechercher la présence ou non du complément d'objet direct.

En pratique, dans une phrase simple avec verbe réfléchi ou réciproque, quand « se » est complément d'objet direct, il y a accord. Par contre, il n'y a pas d'accord quand « se » est complément d'objet indirect (mais attention aux phrases du modèle de l'exemple n° 3).

9. VERBES
QUI N'EXISTENT QUE
SOUS LA FORME PRONOMINALE

Le participe passé de ces verbes s'accorde toujours avec le sujet, sauf celui de « s'arroger ».

Exemple : Les entreprises se sont efforcées de produire davantage.

s'absenter	s'emparer	se gendarmer	se rebeller
s'abstenir	s'empresser	s'immiscer	se rebiffer
s'accouder	s'enfuir	s'infiltrer	se récrier
s'accroupir	s'enquérir	s'ingénier	se recroqueviller
s'adonner	s'entraider	s'insurger	se réfugier
s'agenouiller	s'envoler	se lamenter	se rengorger
s'arroger	s'éprendre	se méfier	se repentir
se blottir	s'esclaffer	se méprendre	se ressourcer
se dédire	s'évader	se moquer	se soucier
se démener	s'évanouir	se mutiner	se souvenir
se désister	s'évertuer	s'obstiner	se suicider
s'ébattre	s'exclamer	se pâmer	se targuer
s'ébrouer	s'extasier	se parjurer	
s'écrier	se formaliser	se prélasser	
s'écrouler	se gargariser	se ratatiner	
s'efforcer	se gausser	se raviser	

10. PARTICIPE PRÉSENT et ADJECTIF VERBAL

Comment les distinguer?

PARTICIPE PRÉSENT	ADJECTIF VERBAL

1. Une polyglotte est une femme **parlant** plusieurs langues.

A – Je vais téléphoner à l'horloge **parlante** pour savoir l'heure.

2. Une pierre, **tombant** de la falaise, lui fit peur.

B – Il avait des moustaches **tombantes.**

3. L'officier, **précédant** le défilé, avait fière allure.

C – Les années **précédentes,** il n'y avait pas d'officier à la tête du défilé.

4. L'automobiliste, **négligeant** de respecter les signaux, se fit dresser procès-verbal.

D – Ce sont des personnes particulièrement **négligentes.**

5. Les hommes **se succédant** au pouvoir étaient du même parti.

Le participe présent :
- marque une **action** passagère,
- peut ordinairement être remplacé par une proposition relative,
- est **invariable,**
- peut avoir un complément,
- peut être précédé de « en ».

L'adjectif verbal :
- marque un **état** permanent,
- peut être remplacé par un autre adjectif,
- est **variable :** il s'accorde en genre et en nombre avec le nom auquel il se rapporte (l'adjectif verbal, comme son nom l'indique, est un adjectif formé sur le radical d'un verbe),
- peut s'écrire différemment du participe présent (exemples 3 et C, 4 et D),
- les verbes pronominaux n'ont pas la forme « adjectif verbal ».

Pour savoir si un mot se terminant par -ant est un participe présent ou un adjectif verbal, il suffit de remplacer ce mot par un adjectif simple. Si la phrase a encore le même sens, il s'agit bien d'un adjectif verbal. Sinon il s'agit d'un participe présent.

Exemples : Une histoire amusante nous distrait : une histoire agréable.
Une personne amusant ceux qui l'écoutent : avec « agréable » la phrase n'a aucun sens.

Liste des principaux Participes Présents et Adjectifs Verbaux dont l'orthographe est différente

P.P.	A.V.	P.P.	A.V.
adhérant	adhérent	influant	influent
affluant	affluent	intriguant	intrigant
coïncidant	coïncident	naviguant	navigant
communiquant	communicant	négligeant	négligent
convainquant	convaincant	précédant	précédent
convergeant	convergent	provoquant	provocant
déférant	déférent	somnolant	somnolent
différant	différent	suffoquant	suffocant
divergeant	divergent	vaquant	vacant
émergeant	émergent	zigzaguant	zigzagant
équivalant	équivalent		
excellant	excellent	P.P.	NOM
fatiguant	fatigant	excédant	excédent
		fabriquant	fabricant
		présidant	président

Bien que « exigeant » et « obligeant » s'écrivent de la même manière dans les deux cas, notez l'orthographe distincte d'exigence et obligeance.

29

2. LES CONSTRUCTIONS

1. DONT ou QUE

1. L'accident **qu'**il a provoqué est grave.

qu' : lequel.

2. L'accident **dont** il est responsable n'était pas prévisible.

dont : duquel.

3. La question **que** j'aborde aujourd'hui est facile.

que : laquelle.

4. La question **dont** j'ai à vous parler est délicate.

dont : de laquelle.

5. Voici **ce que** nous avons dit.

ce que : les choses que.

6. Voici **ce dont** nous avons parlé.

ce dont : les choses desquelles.

7. La façon de faire **que** je préconise doit vous plaire.

que : laquelle.

8. La façon **dont** j'agis ne doit pas vous déplaire.

La façon **dont** : la façon de laquelle, « de » marquant la manière (sens approximatif de « avec »).

9. La personne **dont** la moto encombre le couloir.

Surtout ne pas dire : dont *sa* moto : il y aurait répétition.

10. Ce sont des médicaments **dont** je connais l'usage.

Et non pas : dont j'en connais l'usage; « dont » et « en » forment ici un pléonasme.

11. Voilà des acteurs **dont** la technique est remarquable.

dont : de qui.
Mais on dira : « C'est un poète que ses œuvres ont rendu célèbre », « c'est un poète dont les œuvres sont célèbres ». Les œuvres ont rendu célèbre qui? le poète.

DONT peut être remplacé par « duquel, de laquelle, de quoi, de qui, avec lequel, par lequel, au sujet duquel », etc.

« Dont » évoque une idée de provenance, d'origine, de moyen.

« Dont » est toujours complément déterminatif ou complément circonstanciel de cause, de manière, etc.

QUE peut être remplacé presque toujours par « lequel, laquelle, lesquels, lesquelles ».

2. A ou DE

Quels sont les adjectifs et les verbes qui sont suivis de A ou DE?

1. Liste des principaux adjectifs se construisant le plus fréquemment avec A ou avec DE + nom.

> *Exemple : sensible à la chaleur et content de son sort.*

Avec A		Avec DE	
accessible	fidèle	absent	fou
accoutumé	funeste	accusé	furieux
adhérent	impénétrable	adoré	glorieux
affilié	imperméable	affamé	gonflé
agréable	indulgent	affranchi	honteux
amer	infatigable	amoureux	impatient
analogue	inférieur	assuré	incapable
antérieur	infidèle	avare	incertain
âpre	insensible	avide	inséparable
ardent	inutile	capable	insouciant
attaché	nécessaire	certain	issu
attentif	nuisible	chargé	ivre
cher	obéissant	complice	jaloux
commode	opposé	connu	las
commun	ouvert	conscient	libre
conforme	pareil	content	mécontent
contraire	postérieur	curieux	orgueilleux
désagréable	présent	dédaigneux	plein
dévoué	prêt	dénué	pourvu
égal	prompt	dépourvu	privé
enclin	rebelle	désireux	proche
étranger	semblable	digne	prodigue
exact	sensible	enchanté	rempli
exposé	sourd	envieux	soigneux
fatal	sujet	étonné	soucieux
favorable	supérieur	exempt	sûr
		fatigué	tributaire
		fier	vide
			voisin

Notez toutefois les expressions = accessible par la mer, antérieur de quelques années, attaché de presse, bon pour la santé, absent à l'appel, assuré à une mutuelle, ...et les tournures impersonnelles : il est inutile de..., il est nécessaire de..., etc.

Notez aussi qu'on ne peut pas associer à un même nom deux adjectifs de construction différente.

2. Liste des verbes qui, devant un autre verbe, se construisent avec **A** ou avec **DE**.

Exemple : *s'attacher à* réussir et *craindre d'*échouer.

Avec A		Avec DE	
s'abaisser	enseigner	s'abstenir	épargner
aboutir	s'entendre	s'accuser	essayer
s'accorder	s essayer	achever	s'étonner
accoutumer	exceller	admettre	éviter
s'acharner	exciter	affecter	s'excuser
aider	exhorter	s'affliger	féliciter
s'amuser	s'exposer	ambitionner	se flatter
s'appliquer	se fatiguer	s'applaudir	frémir
apprendre	s'habituer	appréhender	gager
s'apprêter	hésiter	avertir	se garder
arriver	inciter	s'aviser	se glorifier
aspirer	instruire	blâmer	se hâter
assujettir	inviter	brûler	imaginer
s'attacher	se mettre	cesser	imposer
s'attendre	montrer	se charger	s'indigner
autoriser	s'obstiner	choisir	interdire
avoir	s'offrir	commander	inventer
se borner	parvenir	conjurer	jurer
chercher	pencher	conseiller	méditer
se complaire	penser	se contenter	se mêler
concourir	persévérer	convaincre	menacer
condamner	persister	convenir	mériter
se condamner	se plaire	craindre	négliger
consister	plier	décider	obtenir
contribuer	pousser	dédaigner	offrir
convier	préparer	défendre	ordonner
se décider	provoquer	se défier	oublier
destiner	réduire	désespérer	pardonner
se déterminer	renoncer	différer	parier
se dévouer	répugner	dire	parler
se disposer	réussir	dispenser	permettre
donner	se risquer	dissuader	se permettre
dresser	servir	douter	persuader
employer	songer	empêcher	se piquer
s'employer	travailler	enjoindre	préméditer
encourager	trouver	enrager	prescrire
engager	veiller	entreprendre	prétexter
s'engager	viser	envisager	prier
			projeter

promettre	ruminer
proposer	signifier
réclamer	simuler
recommander	solliciter
redouter	sommer
refuser	soupçonner
se réjouir	se souvenir
se repentir	suggérer
reprocher	supplier
se réserver	supporter
se retenir	tenter
rire	trembler
risquer	se vanter
rougir	

N.B. On peut dire :

Commencer à ou commencer de	Demander à ou demander de
Consentir à ou consentir de	S'empresser à ou s'empresser de
Continuer à ou continuer de	S'occuper à ou s'occuper de
Contraindre à ou contraindre de	Prendre garde à ou prendre garde de

– Notez que deux verbes ne peuvent avoir un complément commun que si ce complément se construit de la même façon avec chacun d'eux. On dira : « appréhender de sauter en parachute et s'y décider ».

3. ALLER A ou ALLER EN

Doit-on dire « aller à » ou « aller en »?

QUESTIONS	RÉPONSES
1. Dois-je aller **au** match de football ou **à** la réunion des joueurs de pétanque?	Vous pouvez aller aux deux; les deux expressions sont correctes, puisqu'il ne s'agit pas de personnes.
2. Dois-je aller **au** médecin ou aller **au** crémier?	Vous devez aller **chez** le médecin ou *à* son cabinet, **chez** le crémier ou *à* sa crèmerie, puisque ce sont des personnes.
3. Pour me rendre à la ville, dois-je aller **en** bicyclette, ou vais-je plutôt aller **en** moto?	Vous irez **de préférence à** bicyclette ou **à** moto. Toutefois *en* bicyclette ou *en* moto peuvent se dire.
4. Cette pente, l'ai-je bien descendue **à** skis ou **en** skis?	Votre position était meilleure **à** skis, mais si vous étiez *en* skis, personne ne devrait vous disqualifier.
5. Peut-on aller **à** Bayonne, **au** Sénégal, **en** Jordanie, **en** Iran, **en** Anjou?	Oui, on dit : – A ou AU devant un nom de ville, devant un nom de pays de genre masculin. – EN devant un nom de pays de genre féminin ou de genre masculin, s'il commence par une voyelle. – EN devant un nom de province.

- Employez aller à pour les choses.
- *Employez aller chez pour les personnes.
- Aller, de préférence, à bicyclette, à moto, à skis, à cheval.

4. QUE ou A CE QUE

**Doit-on construire le verbe
avec « que » ou avec « à ce que »?**

Verbes construits avec « que »	**Verbes construits avec « à ce que »**
1. J'aime **qu'**elle soit là.	Je m'oppose **à ce qu'**elle s'en aille.
2. Je demande **qu'**il revienne.	
3. Il permet **que** nous disions la vérité.	Je me refuse **à ce qu'**il sorte.
4. Je m'attendais **que** la voiture dérape (1).	Je me décide **à ce qu'**elle reste.
5. Il parle **de façon que** (de manière que) personne ne le comprenne. (Et jamais « de manière à ce que, de façon à ce que ».)	
6. Je conclus **que** la solution est bonne.	Je tiens **à ce qu'**elle ne fume plus.
7. Faites attention **qu'**elle marche droit (1).	Soyez attentive **à ce qu'**il y ait des cendriers sur les tables.

---

1. Exemple de langue soutenue (la langue courante donnerait « à ce que »).

8. Prenez garde **que** le chat ne sorte.

Veillez donc **à ce que** la salle soit prête.

Nous nous appliquons **à ce que** la fête soit réussie.
Nous avons intérêt **à ce que**...
Nous nous employons **à ce que**...
Il a contribué **à ce que**...
Je travaille **à ce que**...
Il s'expose **à ce qu'**on lui réponde sèchement.
Elle gagne beaucoup **à ce qu'**on la voie.

La langue actuelle emploie de plus en plus « à ce que »; pourtant cette expression est lourde, et il est souvent préférable de la remplacer par un autre tour. Par exemple : Je me refuse à son départ. Elle gagne à être vue. etc.

5. MODE ET TEMPS DANS LES SUBORDONNÉES DITES COMPLÉTIVES

1. Quel mode employer dans la subordonnée?

Le MODE dépend du **sens** du verbe de la principale.

On met la subordonnée à l'INDICATIF

avec une principale dont le verbe exprime :

    l'affirmation
    la constatation
    la conviction
    la croyance
    la déclaration
    la connaissance

D'une manière générale, tout ce qui apparaît certain.
Exemples : affirmer, constater, croire, déclarer, dire, énoncer, espérer, estimer, imaginer, penser, raconter, reconnaître, etc. Il est certain que, il est évident que, il est vrai que, etc.

N.B. : L'indicatif est remplacé par le conditionnel lorsque l'action de la subordonnée est dépendante d'une condition (souvent introduite par « si » mais parfois sous-entendue) ou lorsque le verbe de la subordonnée exprime une affirmation adoucie (exemple : Je crois qu'il serait bon de partir).

On met la subordonnée au SUBJONCTIF

avec une principale dont le verbe exprime :

    la volonté
    le doute
    la crainte
    la possibilité
    la préférence
    l'interdiction
    le souhait
    le regret

D'une manière générale, tout ce qui apparaît incertain.
Exemples : contester, craindre, douter, exiger, ignorer, nier, ordonner, prétendre, regretter, souhaiter, supposer, vouloir, etc. Il est possible que, il est faux que, il est vraisemblable que, il est étonnant que, etc.

N.B. : 1. Une principale de forme *négative* est en général suivie du *subjonctif* (exception avec savoir : je ne sais pas qu'il a réussi).
2. Certains verbes changent de mode accompagnateur **suivant le sens qu'on leur donne**. Exemples : dire, prétendre, admettre, comprendre, supposer.
– Je prétends qu'il est dans son bureau (affirmation).
– Je prétends qu'il vienne ici (ordre).

37

REMARQUE :

– Il n'y a pas de règle strictement automatique pour l'emploi de l'**INDICATIF** ou du **SUBJONCTIF** dans les complétives : tout dépend du **SENS.**

– **L'INDICATIF** est le temps de la réalité, de l'objectivité (les faits dont on parle ont eu lieu, ont lieu ou auront lieu).

– Le **SUBJONCTIF** est le temps de l'incertitude, de la subjectivité (les faits dont on parle n'existent que dans l'intention ou l'imagination de celui qui parle).

2. Quel temps employer dans la subordonnée?

EXEMPLES

REMARQUES

A – SI LE VERBE DE LA PRINCIPALE EST AU PRÉSENT DE L'INDICATIF

Verbes d'affirmation, de constatation, etc.

1. Je constate qu'il achète un livre.

indicatif présent parce que *l'action est simultanée* par rapport à celle qu'exprime le verbe de la principale.

2. J'imagine qu'il lira son livre.

indicatif futur parce que *l'action se passera après* celle de la principale.

38

3. J'imagine qu'il aura lu ce livre avant notre réunion.

indicatif futur antérieur parce que *l'action se passera après celle de la principale mais aura lieu à une date déterminée.*

4. Je déclare qu'il allait bien.

indicatif imparfait parce que *l'action se passe avant celle de la principale.*

5. Je crois qu'il se rendit à Naples.

indicatif passé simple parce que *l'action est antérieure et terminée,* rejetée dans le passé, complètement coupée du moment où l'on parle. Il s'agit ici de la langue soutenue. La langue courante emploierait « s'est rendu » avec un sens de passé.

6. Je suis sûr qu'il a bien réussi à cet examen.

indicatif passé composé parce que *l'action est antérieure* et a eu des *résultats qui durent encore,* au moment où l'on parle.

7. Je pense qu'il avait vendu son livre.

indicatif plus-que-parfait parce que *l'action est antérieure et terminée.*

8. Je suis sûr qu'il viendrait s'il le pouvait.

conditionnel présent pour une *action éventuelle* dans le *présent* ou le *futur.*

9. Je suis sûr qu'il serait venu s'il l'avait pu.

conditionnel passé pour une *action éventuelle* dans le *passé.*

Verbes de volonté, de doute, de crainte, etc.

10. Je préfère qu'il lise un roman policier.

subjonctif présent pour une *action présente* ou *future.*

11. Je doute qu'il ait acheté un roman de Balzac.

subjonctif passé pour une *action passée.*

B – SI LE VERBE DE LA PRINCIPALE EST AU FUTUR (OU AU FUTUR ANTÉRIEUR) DE L'INDICATIF

Verbes d'affirmation, de constatation, etc.

1. Il dira qu'il est malade.

indicatif présent pour une *action simultanée,* par rapport à celle qu'exprime le verbe de la principale.

2. Il dira qu'il était malade.

indicatif imparfait pour une *action passée,* un état envisagé dans sa durée, en cours de développement : « était malade » présente donc un **aspect duratif.**

3. Je déclarerai qu'il reçut ce colis.

indicatif passé simple pour une *action passée et terminée.* Cet exemple est de langue soutenue.

4. Il avouera qu'il a lu cette circulaire.

indicatif passé composé pour une *action* passée et *dont l'effet est durable.*

5. Il nous dira qu'il partira demain.

indicatif futur pour une *action future.*

6. Il vous dira qu'il l'aura rencontré avant demain soir.

indicatif futur antérieur pour une *action future,* mais qui aura lieu à *une date déterminée.*

7. Je lui dirai qu'il en vendrait davantage en faisant de la publicité.

conditionnel présent pour une *action éventuelle présente ou future.*

8. Je lui dirai qu'il en aurait vendu davantage s'il avait fait de la publicité.

conditionnel passé pour une *action éventuelle dans le passé.*

40

Verbes de volonté, de doute, de crainte, etc.

9. J'exigerai qu'il vienne.

subjonctif présent pour une *action présente ou future.*

10. Je regretterai qu'il n'ait pas lu ma lettre avant de venir.

subjonctif passé pour une *action passée.*

EXEMPLES   REMARQUES

C – SI LE VERBE DE LA PRINCIPALE EST À UN TEMPS DU PASSÉ DE L'INDICATIF

Verbes d'affirmation, de constatation, etc.

1. Il m'a dit que vous vous intéressez à la peinture.

indicatif présent pour un *fait simultané et durable :* « vous vous y intéressez toujours ».

2. Il m'a dit que vous vous intéressiez à la peinture.

indicatif imparfait pour un *fait simultané :* « mais peut-être ne vous y intéressez-vous plus aujourd'hui ».

3. J'avais constaté qu'il avait bien travaillé.

indicatif plus-que-parfait pour une *action passée et terminée.*

41

4. Je lui ai promis que je viendrai

indicatif futur pour une *action qui
se passe après* celle de la principale, **et qui est envisagée
comme certaine.**

5. Je lui ai promis que je viendrais.

conditionnel présent pour un *fait
éventuel postérieur* à l'action de la
principale. Mais le fait peut être
envisagé comme *certain,* s'il s'agit
du *futur du passé.* « Viendrais » est
simplement moins affirmatif que
« viendrai ».

6. J'ai affirmé qu'il aurait vendu
toute sa marchandise, s'il
avait fait beau.

conditionnel passé pour un *fait
éventuel dans le passé.* La condition souligne ici l'éventualité; mais
on pourrait dire au *futur antérieur
du passé :* « je lui ai affirmé qu'il
aurait vite vendu sa marchandise »
(action envisagée comme *certaine*).

Verbes de volonté, de doute, de crainte, etc.

7. Je souhaitais qu'il vienne ici.

subjonctif présent pour une *action
qui se passe après* celle de la principale.

8. J'ai ordonné qu'il lût cet article.

subjonctif imparfait pour *une
action future* par rapport à celle de
la principale, mais les deux actions
sont *dans le passé.* Exemple de
langue soutenue.

9. Je doutais qu'il eût reçu ma
lettre avant mon retour.

subjonctif plus-que-parfait pour
une *action future* par rapport à
celle de la principale, mais qui est
passée et donc terminée. Exemple
de langue soutenue.

42

EXEMPLES	REMARQUES

D – SI LE VERBE DE LA PRINCIPALE EST AU CONDITIONNEL

Verbes d'affirmation, de constatation, etc.

1. Je dirais qu'il fait beau, qu'il faisait beau, qu'il avait fait beau, qu'il fera beau...

   indicatif avec temps correspondant au présent, au passé, au futur.

2. J'aurais cru qu'ils ne viendraient pas...

   conditionnel présent ou passé pour une **action éventuelle postérieure à celle de la principale,** elle-même hypothétique.

Verbes de volonté, de doute, de crainte, etc.

3. Je désirerais qu'il vienne ces jours-ci.

   subjonctif présent avec l'idée de *possibilité.*

4. Je désirerais qu'il vînt ces jours-ci.

   subjonctif imparfait avec l'idée que l'hypothèse a peu de chances de se réaliser : mais je ne crois pas qu'il viendra. Exemple de langue soutenue.

REMARQUE :

L'imparfait du subjonctif est de moins en moins employé dans la langue courante et remplacé par le présent du même mode.

On ne dit plus : « j'aurais voulu que nous lussions ce guide avant de partir en voyage », mais... « que nous lisions »..., ou bien, avec un autre tour : « Nous aurions dû lire ce guide... »

43

6. LE MODE DANS LES SUBORDONNÉES RELATIVES

EXEMPLES	REMARQUES
1. La pluie qui tombe va faire des dégâts aux récoltes.	Pour exprimer un **fait réel**, on emploie **l'indicatif.**
2. Je voudrais une maison qui eût (ou « qui ait ») une vaste salle de séjour.	Pour exprimer un **souhait**, une **possibilité**, un **but**, on emploie le **subjonctif.** Après un conditionnel présent dans la principale, on tolère le présent du subjonctif au lieu de l'imparfait dans la subordonnée.
3. Voilà un taxi qui vous permettra de rentrer chez vous en dix minutes.	Idée de certitude = indicatif.
4. Voulez-vous un comprimé qui fasse disparaître votre migraine?	Après une principale interrogative, on emploie généralement le *subjonctif* si la relative *marque une idée de restriction* (un comprimé capable de supprimer votre migraine, et seulement ce type de comprimé).
5. Voulez-vous *ce* comprimé qui supprimera votre migraine?	Lorsque l'antécédent (ici le mot **comprimé**) est déterminé de manière précise (ici par « **ce** »), on emploie l'indicatif.
6. Je ne veux pas d'une solution qui aille à l'encontre de mes principes.	**Subjonctif** pour une **idée de doute.** Mais on écrira : « Je ne veux pas de cette solution qui va à l'encontre de mes principes » (= c'est alors un fait certain).

44

7. Beamon est le premier athlète qui ait réussi un saut de 8,90 m en longueur.

Après **le premier, le seul, le dernier, l'unique** ou **un superlatif,** on emploie **en général le subjonctif** (dans la relative). Mais si on veut insister sur la certitude du fait, on dira : « ... qui a réussi ».

8. Voilà une personne qui vous renseignerait si elle avait le temps.

Pour exprimer une éventualité, on emploie le conditionnel.

9. Je sais à qui me fier.
Je sais où aller.

à qui (s.-e. je peux) me fier; où (s.-e. je dois) aller.

---

1. **Pour exprimer une certitude, employez l'indicatif.**
2. **Pour exprimer une possibilité, employez le subjonctif.**
3. **Pour exprimer une éventualité, employez le conditionnel.**

7. LE MODE DANS LES PROPOSITIONS CIRCONSTANCIELLES

Tableau des principales conjonctions ou locutions conjonctives avec le mode qui les accompagne. Si vous trouvez la même conjonction dans deux ou trois colonnes, c'est que le sens ou l'intention l'impose. Souvenez-vous aussi qu'un fait réel est indiqué par l'indicatif, un fait douteux, possible, un but, par le subjonctif, enfin un fait éventuel (soumis à une condition) par le conditionnel.

Exemples : Afin que le concierge ne l'entendît pas... sans qu'il y prît garde... avant qu'il eût fait (subj.)... après qu'il eut connu (ind.).

Différents sens	INDICATIF	SUBJONCTIF	CONDITIONNEL
but		afin que de peur que pour que	
cause	attendu que comme du moment que étant donné que maintenant que parce que puisque vu que	non que non pas que	attendu que comme du moment que étant donné que parce que puisque vu que
comparaison	à mesure que (pour) autant que autrement que ainsi que comme comme si de même que moins que plus que tel que	autant que (pour) autant que comme si	à mesure que (pour) autant que autrement que ainsi que aussi que comme de même que moins que plus que tel que
condition	à condition que sauf que si si ce n'est que sinon que selon que	à condition que à moins que à supposer que pour peu que pourvu que soit que... soit que	à condition que alors même que au cas où quand même sauf que

46

Différents sens	INDICATIF	SUBJONCTIF	CONDITIONNEL
conséquence	à tel point que au point que de façon que de manière que de sorte que si bien que tant que tellement que	de façon que de manière que de sorte que pour que sans que	à tel point que au point que de façon que de manière que de sorte que si bien que tant que tellement que
opposition (ou concession)	alors que au lieu que si tandis que quand	au lieu que bien que loin que quel... que quelque... que quoique quoi que sans que malgré que « malgré que » fait partie de la langue commune, mais est généralement proscrit dans la langue soutenue	alors que au lieu que tandis que quand quand bien même
temps	après que au moment où aussitôt que comme depuis que jusqu'à ce que dès que lorsque pendant que quand si tôt que tandis que	avant que en attendant que jusqu'à ce que	après que au moment où aussitôt que depuis que dès que lorsque pendant que quand si tôt que tandis que

---

— Le mode sert à indiquer la nuance ou le sens que vous voulez ou que vous devez donner à votre phrase.
— Pour la conjugaison des verbes, se reporter à Bescherelle, Dictionnaire des 12 000 Verbes.

3. *LES CAS PARTICULIERS*

1. C'EST ou CE SONT

EXEMPLES	**REMARQUES**
1. Ce sont (ou c'est) là de beaux résultats.	Les deux sont corrects. C'est l'exemple cité par l'arrêté du 28 décembre 1976.
2. C'est 10 000 francs que j'ai vendu cette voiture.	**C'est** introduit ici un **complément** (j'ai vendu cette voiture combien?) et non un sujet.
3. C'est cinq heures qui viennent de sonner.	Emploi de **c'est** pour mettre en relief l'heure : on exclut une autre heure (jamais : **ce sont**).
4. C'est lui et ses camarades qui nous ont porté secours.	On emploie **c'est** devant plusieurs termes, **lorsque le premier est au singulier.**
5. C'est nous qui avons... C'est vous qui avez... C'est à eux de jouer...	On emploie **c'est** devant un pronom de la 1re ou de la 2e personne du pluriel, devant une préposition.
6. C'est (ce sont) eux qui ont cassé les carreaux.	On peut employer l'un ou l'autre : **c'est** est du langage familier; **ce sont** doit être préféré dans la langue soutenue.
7. C'était (c'étaient) de belles fleurs qu'il nous avait apportées.	Le pluriel pourrait sembler plus normal, mais le singulier n'est pas une faute.

Puisque l'arrêté du 28 décembre 1976 admet, selon l'usage, l'accord au singulier ou au pluriel du présentatif c'est, il ne peut y avoir de faute à employer l'un ou l'autre, quand l'attribut de ce est un nom pluriel ou un pronom de la troisième personne du pluriel (voir toutefois les exceptions mentionnées ci-dessus : exemples 3 et 4). L'inverse n'est évidemment pas autorisé, c'est-à-dire qu'on ne peut pas mettre « ce sont » à la place de « c'est », quand l'attribut est un nom singulier.

2. CES ou SES
CE ou SE
C'EST ou S'EST

EXEMPLES	REMARQUES
1. Ces livres lui ont servi à préparer son examen. (les livres que l'on désigne)	A. **Ses** livres lui ont servi à préparer son examen. (les livres qui lui appartiennent)
2. Ce chien aboie tout le temps. (ce chien précis)	B. Notre chien **se** cache pour jouer. (se cacher est un verbe pronominal)
3. C'est Jacques qui nous a arrosés avec le jet d'eau. (« c' » est un pronom démonstratif)	C. Il **s'est** amusé à le faire. (s'amuser est un verbe pronominal : on écrit se ou s' dans les verbes pronominaux)

---

1. On écrit **CES** lorsque, au singulier, on pourrait dire **CE, CET, CETTE**.
On écrit **SES** lorsque ce mot signifie « les siens, les siennes » et lorsque, au singulier, on pourrait dire **SON, SA**.
2. On écrit toujours **SE** lorsqu'il s'agit d'un verbe pronominal. Noter que l'on pourrait conjuguer le verbe à la 1re personne : il se cache, je me cache (ex. B).
On écrit **CE**, adjectif démonstratif, dans les autres cas. On peut remplacer **CE** par le ou par un.
3. On écrit **C'EST** lorsque C' pourrait être remplacé par cela.
On écrit **S'EST** lorsqu'il s'agit d'un verbe pronominal. Notez que l'on pourrait conjuguer le verbe à la 1re personne : il s'est amusé, je me suis amusé.

3. CHAQUE ou CHACUN

EXEMPLES	**REMARQUES**

A. CHAQUE adjectif indéfini

1. Chaque jour de l'année, il faut se lever.

Chaque désigne une partie d'un ensemble et n'est jamais au pluriel (chaque**s** n'existe pas).

2. Chaque ouvrier avait **son** outil.

On pourrait dire : chacun des ouvriers avait son outil. (Remarquez la nuance avec « un outil ».)

3. Chaque garçon, chaque fille était bien habillé.

Après **chaque** répété, le verbe est au singulier. Chaque est des deux genres.

B. CHACUN pronom indéfini

4. A chacun selon ses œuvres.

Employé seul, il a un sens général : « à tout le monde ».

5. A chacune de ses filles il donna une récompense.

Chacun prend le genre du mot auquel il se rapporte. Il n'est jamais au pluriel (chacun**s** n'existe pas).

6. Chacun doit prendre **sa** bicyclette.

Chacun, sujet du verbe, demande que l'on emploie **son, sa,** ou **ses.**

7. Prenons chacun **notre** chemin pour rentrer.
Prenez chacun **votre** chemin pour rentrer.

Prenons (1re personne du pluriel) impose **notre.**
Prenez (2e personne du pluriel) impose **votre.**

8. Mesdames, prenez chacune **votre** sac avant de partir.

Votre de préférence à **vos** parce que chacune n'a qu'un sac, en principe.

9. Les invités ont apporté **chacun leur** cadeau.

On pourrait dire aussi : **chacun son** cadeau.

10. Ces grammaires coûtent 30 F **chacune.**

et non : « coûtent 30 F chaque ». Pensez que vous pouvez dire : « ... coûtent chacune 30 F » et vous respecterez le bon usage.

4. CENT, VINGT, MILLE

EXEMPLES	REMARQUES
1. Irène Schmidt a été la championne du deux cents mètres.	Cent prend un « s » quand il est multiplié par un autre nombre et qu'il n'est pas suivi d'un autre adjectif numéral.
2. Faire un chèque de trois cents francs.	Même règle.
3. Prenez la page deux **cent**.	Dans ce cas cent (mis pour la page deux centième) est invariable. Même règle pour vingt (exemple 11). On dit aussi : en l'année dix neuf cent.
4. On m'a prêté de l'argent à dix pour **cent**.	Pour indiquer un **pourcentage** cent est **invariable.**
5. Cette armoire normande coûte dix neuf cent soixante seize francs.	Cent est ici suivi d'un autre adjectif numéral cardinal, donc en principe il ne prend pas « s »; mais l'arrêté du 28 décembre 1976 tolère que, même dans ce cas, on mette un « s ».
6. L'an **mil** neuf cent cinquante.	Pour un millésime, on écrit en tête de nombre normalement mil, mais mille est toléré.
7. Les gens craignent l'an deux **mille**.	On écrit toujours « mille » lorsqu'il n'est pas en tête de nombre (jamais mil).

8. Vingt **mille** lieues sous les mers.

Mille indiquant le nombre est toujours invariable.

9. Ce navire est à cinq **milles** de la côte.

Lorsque **mille** est un nom indiquant la **mesure** (mille marin), il prend un « s » **au pluriel.**

10. Il me reste quatre-vingts francs.

Vingt prend un « s » quand il est multiplié par un autre nombre et qu'il n'est pas suivi d'un autre adjectif numéral. Voyez toutefois l'exception que constitue l'exemple qui suit.

11. Prenez la page quatre-**vingt.**

Dans ce cas, vingt (mis pour la page vingtième) est invariable. Même règle pour cent (exemple 3).

12. Elle a **quatre-vingt-dix** ans.

Vingt est ici suivi d'un autre adjectif numéral cardinal, donc en principe il ne prend pas de « s ». Mais l'arrêté du 28 décembre 1976 tolère que, même dans ce cas, on mette un « s ».

13. Dix-sept ou dix sept.
Cent trente-six ou cent trente six.
Vingt et un.

Le trait d'union entre les dizaines et les unités est facultatif. Toutefois, on ne met jamais de trait d'union si elles sont unies par « et ».
Notez aussi que l'on dit « trente *et* un » mais « cent un ».

14. Les trois dixièmes.
Les dix millièmes.

Les adjectifs numéraux ordinaux s'accordent.

15. Des milliers de francs.
Des millions d'insectes.

Millier, million, billion, trillion, milliard sont des noms et prennent donc un « s » au pluriel.

– « Mille » indiquant le nombre est toujours invariable.
– « Cent » et « vingt » prennent un « s » quand ils sont multipliés par un autre nombre et qu'ils ne sont pas suivis d'un autre adjectif numéral (sauf dans les exemples 3 et 11).

5. AUTRE
L'UN ET L'AUTRE
L'UN OU L'AUTRE

EXEMPLES	REMARQUES
1. J'ai une **autre** chose à vous signaler.	autre est ici adjectif : il signifie différente, en plus.
2. Entre **autres choses,** je vous signale que...	le pluriel s'impose : autres = plusieurs.
3. **Autre chose** est de dire que vous avez raison. **Autre chose** est de dire que j'ai tort.	« autre chose » = locution neutre.
4. J'étais **l'autre** semaine à Lille.	Le sens est : « il y a quelque temps, il n'y a pas longtemps ».
5. Il est **autre** que je (ne) croyais (Académie).	**n' (ne) explétif** est conseillé mais non obligatoire dans une phrase **affirmative,** après autre.
6. Le résultat n'a pas été autre **que je le pensais.**	La proposition étant **négative, il ne faut pas mettre « ne »,** après autre.
7. Personne d'**autre** ne vous dira que vous avez tort.	Le sens est : « aucune autre personne ».
8. Je pense de cette façon, **d'autres** pensent le contraire.	Le sens est : « certains autres ».
9. A l'un et à l'autre, j'ai dit ce qu'il fallait faire.	et non pas « à l'un et l'autre »; la répétition de **à** est obligatoire.
10. Ils se congratulent **l'un l'autre.**	action réciproque; **pas de « et ».**
11. Vous direz ce mensonge à **un autre que moi.**	et non pas « qu'à moi ».

12. L'une ou l'autre **idée** nous **permettra** de sortir de l'impasse.	Avec « l'un ou l'autre » le verbe est toujours au singulier, de même que le nom (idée).
13. L'une et l'autre **solution (s) est acceptable (sont acceptables).**	Après « l'un et l'autre » le nom et le verbe se mettent au **pluriel** ou au **singulier.** Si le nom est au pluriel, le verbe se met obligatoirement au pluriel.
14. Ni l'un ni l'autre **médicament ne sont bons (n'est bon).**	Après « ni l'un ni l'autre » le verbe se met au pluriel ou au singulier. Le nom se met toujours au singulier.
15. De ces deux possibilités l'une est rejetée d'emblée, **l'autre** est bonne.	Quand il y a un choix **entre deux** seulement, on écrit **l'autre.**
16. Il passait sans cesse d'une idée à **une autre.**	Quand le choix **n'est pas limité à deux,** mais est plus vaste, on écrit **une autre.**

– « Autre » est un mot indéfini des deux genres et prend la marque du pluriel.
– « L'un ou l'autre » est suivi du verbe au singulier.
– « L'un et l'autre » peut être suivi (ou peuvent être suivis) du verbe au singulier ou au pluriel.

---

6. LEUR ou LEURS

Faut-il un « s » à « leur » ou n'en faut-il pas?

EXEMPLES	REMARQUES
1. Dites-**leur** de se taire!	« leur » est ici complément de dire; c'est un pronom personnel pluriel et **invariable.**
2. Je **leur** ai montré comment faire.	« leur » est complément du verbe; c'est un pronom personnel pluriel et **invariable.**

3. Ces footballeurs préfèrent **leur** entraîneur à celui de l'équipe adverse.

« leur » est ici un adjectif possessif au singulier parce que c'est l'entraîneur de ces footballeurs et qu'il n'y en a qu'un, le même pour tous les footballeurs.

4. Les élèves portant **leurs** cartables entrèrent dans la classe avec **leur** professeur.

Chaque élève a un cartable, donc « leur cartable » est acceptable mais moins précis. Si on écrit « leurs professeurs », c'est qu'il y a *au moins deux* professeurs avec les élèves.

5. Ils n'ont jamais quitté **leur** village (ou **leurs** villages).

On peut écrire des deux façons, mais dans le deuxième cas il est évident que tous n'appartiennent pas au même village.

6. Les camelots étalent **leurs** produits sur le trottoir.

« leurs » s'impose ici, à cause de la variété des produits.

7. a) Cette façon d'agir est la nôtre et non pas **la leur.**

b) Ces livres ne m'appartiennent pas; ce sont **les leurs.**

« la leur, les leurs », pronoms possessifs précédés de l'article, se mettent au même nombre, singulier ou pluriel, que l'article.

8. Les filles ont mis **du leur** à préparer la fête parce qu'elles voulaient faire plaisir **aux leurs.**

« le leur, du leur » est employé comme nom.
« Leurs », nom masculin pluriel, est mis ici pour désigner les parents ou les proches.

---

1. Leur est invariable lorsqu'il est pronom personnel et complément d'un verbe.
En pratique : Transformez la phrase en mettant tous les mots au singulier : si « leur » devient « lui », il s'agit d'un pronom et « leur » s'écrit sans s.

2. Leur est variable lorsqu'il est adjectif possessif et accompagne un nom. La marque du pluriel est souvent une question de sens et de nuances :
– s'il y a plusieurs possesseurs et plusieurs possédés, mettez un « s »;
– s'il y a plusieurs possesseurs et un seul possédé, ne mettez pas d'« s ».

7. MÊME ou MÊMES

Doit-on écrire même sans « s » ou avec « s »?

EXEMPLES	REMARQUES
1. Les derniers purent **même** entrer. **Même** les derniers purent entrer.	**Même** signifie « également, aussi, y compris »; il est adverbe et invariable.
2. Il est venu **ici même**.	Auprès d'un adverbe, **même** indique une idée d'insistance, de précision : il est invariable.
3. Il fut **à même de** sortir.	**Même** est invariable dans les locutions conjonctives « à même de, de même que, quand même si, tout de même ».
4. Même si deux secrétaires dactylographient les **mêmes** textes sur la **même** machine, les résultats ne sont pas **les mêmes.**	Le premier **même** est adverbe, le deuxième et le troisième sont adjectifs (sens : pareil, identique) et variables, le quatrième est pronom et variable (le même, la même; les mêmes).
5. Les **mêmes** causes produisent les **mêmes** effets.	**Même** évoque ici l'idée de ressemblance : il est adjectif et variable.
6. Eux-mêmes, elles-mêmes. Ceux-là même(s) que vous avez rencontrés...	Quand **même** suit un pronom personnel, il est variable. Ne pas oublier le trait d'union. Noter : vous-mêm**e** et vous-mêm**es**, si l'on s'adresse à une ou plusieurs personnes. Quand **même** suit un pronom démonstratif, il est adjectif ou adverbe suivant le sens : l'accord est facultatif.
7. Les abris **mêmes (même)** n'ont pas résisté au bombardement.	Placé *après le nom*, **même** peut être considéré comme un adjectif variable ou un adverbe invariable (les abris eux-mêmes ou les abris aussi). L'arrêté de 1976 tolère toujours l'accord.

8. Monsieur et madame Dupont sont **la bonté même.**

Bien faire la différence entre « la même bonté » : idée de similitude, et « la bonté même » : la bonté elle-même, au plus haut degré.

9. Les Dubois sont toujours **les mêmes.**

« Les mêmes » : pronom qui a pour sens « identiques à eux-mêmes ».

---

1. Quelle que soit la place occupée par « même » dans la phrase, il est adverbe et invariable quand on peut le remplacer par « aussi », « également », « y compris ».

2. Il est adjectif et variable quand on peut le remplacer par « semblable », « pareil », « identique », « au plus haut degré ».

---

8. PLUTÔT ou PLUS TÔT

EXEMPLES

REMARQUES

1. Il est arrivé **plus tôt** que d'habitude.

Plus tôt s'oppose à **plus tard.**

2. Il préfère aller au cinéma **plutôt** que de rester à la maison.

« **Plutôt** » signifie « **de préférence à** ».

3. « Soyez **plutôt** maçon, si c'est votre talent » (Boileau).

Plutôt signifie « **de préférence** ».

4. Il est **plutôt** fâcheux que vous ayez échoué à cet examen.

La langue courante emploie **plutôt** dans le sens de « **assez** », « **quelque peu** ».

« Plutôt » et « plus tôt » sont tous deux adverbes.

Écrire « plutôt » en un seul mot quand il signifie « de préférence », « de préférence à » ou « assez ».

Écrire « plus tôt » en deux mots quand il a le sens opposé à « plus tard ».

9. PRÊT A ou PRÈS DE

PRÊT A	PRÈS DE
A. Il est **prêt à** souffrir pour gagner la course.	**1.** A quatre vingt dix neuf ans, il était **près de** mourir.
B. Il est **prêt à** l'abandon. Elle est **prête** à l'abandon.	**2.** Il est **près d**'abandonner.
C. Nous sommes **prêts à** vous aider.	**3.** Norbert habite tout **près d**'ici.
	4. Il est **près de** midi.
	5. Les assistants étaient **près de** deux cents.

Prêt à est un adjectif variable en genre et en nombre et qui signifie : disposé à, résigné à.

Près de est une locution prépositive qui signifie : sur le point de, à proximité de, presque, environ.

Locutions formées avec *près* :
– **à cela près** : à l'exception de cela.
– **à beaucoup près** : il s'en faut de beaucoup.
– **à peu près** : presque, environ.
– **à peu de chose près** : presque, entièrement.

10. QUAND ou QUANT

EXEMPLES	REMARQUES
1. Quand sont-ils partis?	= **à quel moment** sont-ils partis? Il s'agit d'une interrogation directe.
2. Je ne sais **quand** ils sont arrivés.	= ... **à quel moment** ils sont arrivés. Il s'agit d'une interrogation indirecte.
3. Quand il fera beau, nous irons à la campagne.	= **lorsqu'**il fera beau... Circonstancielle de temps.
4. Quand tu n'aurais pas d'argent...	= **même si** tu n'avais pas d'argent... Circonstancielle de condition (idée de supposition).
5. Nous resterons **quand même.**	= malgré tout. *Quand même* est ici une locution adverbiale.
6. Quand même il y aurait des congères, nous prendrions la route.	= même s'il y avait des congères... *Quand même* est ici une locution conjonctive.
7. Quant à eux, ils sont restés à la maison.	= en ce qui les concerne... *Quant à* est une locution prépositive.

8 Il montre un **quant-à-soi** désagréable.

Le mot *quant-à-soi* est un nom masculin invariable
(= réserve un peu distante).
Remarquez que l'on dit :
« Je suis resté sur mon quant-à-moi. »
« Il est resté sur son quant-à-soi. »
« Ils sont restés sur leur quant-à-soi. »

On écrit **QUAND**
1. si on peut le remplacer par « à quel moment », « lorsque » ou « même si » (phrases interrogatives directes ou indirectes : ex. 1 et 2; subordonnées avec idée de temps : ex. 3 ou de condition : ex. 4);
2. dans la locution **QUAND MÊME** (ex. 5 et 6).

On écrit **QUANT**
– lorsqu'il est suivi de -à, -au, -aux, et qu'il peut être remplacé par « en ce qui concerne... ».

ATTENTION :
Écrivez :
– Qu'en savez-vous? (= Que savez-vous de cela?)
– Ces fleurs ne poussent qu'en Afrique (= seulement en Afrique).

11. QUEL QUE...
QUELQUE...
QUELQUE...QUE...

**Quand faut-il écrire « quelque »
en un mot ou en deux mots?**

EXEMPLES	REMARQUES
1. **Quel que** soit votre désir... **Quels que** soient vos projets... **Quelles qu'**en puissent être les conséquences, je passerais outre.	Suivi d'un verbe ou d'un pronom, quel que s'écrit en **deux mots** et quel s'accorde en genre et en nombre avec le sujet du verbe.
2. **Quels que** soient votre courage *et* votre valeur. **Quel que** soit votre courage *ou* votre valeur.	Avec des sujets de genre différent reliés par *et*, quel se met au masculin pluriel. Avec des sujets reliés par *ou*, quel s'accorde avec le plus rapproché.
3. Je n'accepte pas vos excuses, **quelles qu'elles** soient.	Attention à « quelle qu'elle », « quelles qu'elles ». On écrit ainsi lorsqu'au féminin, on pourrait dire : « quel qu'il », « quels qu'ils ».
4. a) Les **quelques** livres qu'il a lus... b) **Quelque** sujet que l'on aborde ● c) **Quelques** peines qu'il endure ● d) Il a **quelques** projets.	**Devant un nom** suivi ou non de que, quelque s'écrit en **un seul mot** et prend la marque du pluriel si le nom est au pluriel. Le sens est dans l'ordre : a) le peu de livres, b) quel que soit le sujet, c) quel que soit le nombre de peines, d) il a plusieurs projets.
5. Ils étaient cinquante **et quelques.**	C'est-à-dire cinquante et quelques-uns, ce qui explique pourquoi quelque prend un « s ».

6. Il avait **quelque** cinquante ans ●

Quand **quelque** a le sens d'**environ**, il s'écrit en **un seul mot** et est invariable. Le sens est : il avait approximativement cinquante ans.

7. **Quelque** difficiles que soient vos problèmes ●...
Quelque méchants que soient les hommes ●...

Devant un adjectif suivi immédiatement de que, quelque s'écrit en **un seul mot**, est adverbe et invariable. Il a pour sens : **si, tellement.**

8. a) **Quelque** bons interprètes qu'ils soient, ils n'ont pas tout compris ●
b) **Quelques** beaux projets qu'il fasse, il ne part jamais en voyage ●

Devant un adjectif suivi d'un nom, lui-même suivi de que, quelque s'écrit en **un seul mot**, mais il faut étudier le sens : 1) si quelque modifie l'adjectif (exemple 8a), il est adverbe et invariable; on en revient à l'exemple n° 7; 2) si quelque modifie le nom, il est adjectif et variable : dans l'exemple 8b, la suppression de l'adjectif « beaux » ne change pas fondamentalement le sens de la phrase.

Dans ce cas, le sens de la phrase commande; on pourrait écrire : quelques bons interprètes qu'ils soient... si l'on sent « bons interprètes » comme un ensemble indissociable.

9. **Quelque** heureusement doués que nous soyons ●...
Quelque prudemment qu'il s'y prenne ●...

Devant un adverbe, quelque s'écrit en **seul mot** et est invariable; son sens est : si, tellement.

Tous les exemples marqués d'un point sont de la « langue soutenue ».

---

1) Quand on peut remplacer quelque par si, tellement, environ, il faut l'écrire en un seul mot et le laisser invariable (sans s) : ex. n° 6, 7, 9.
2) Quand on ne peut pas remplacer quelque par si, tellement, environ, on distingue 3 cas :
a) Devant un nom ou un adjectif au singulier, il faut écrire QUELQUE.
b) Devant un nom ou un adjectif au pluriel, il faut écrire QUELQUES (sauf la réserve de l'exemple 8a).
c) Devant un pronom (il, elle, nous, en, etc...) ou un verbe, il faut écrire en deux mots QUEL QUE et faire accorder quel avec le sujet : ex. n° 1, 2, 3.

12. QUOIQUE ou QUOI QUE

EXEMPLES   **REMARQUES**

A. QUOIQUE, CONJONCTION DE SUBORDINATION

1. Quoiqu'il soit tard, je pars.

idée de **« bien que »**, malgré l'heure avancée.

2. Quoique le problème soit difficile, je l'ai résolu.

idée d'obstacle à surmonter; peut être remplacé par **« bien que »**.

3. Quoique peu sociable, il vient quand même nous voir.

le verbe être n'est pas exprimé dans la subordonnée : cela est possible lorsque principale et subordonnée ont le même sujet.

4. Quoique ayant dépassé l'âge de la retraite, il était obligé de travailler.

quoique est ici employé avec un participe.

B. QUOI, PRONOM RELATIF, SUIVI DE QUE PRONOM NEUTRE

5. Quoi qu'il arrive, ne sortez pas !

quelle que soit la chose qui arrive...

6. Quoi qu'il en soit, je vous mettrai en congé.

quelle que soit la situation...

7. Quoi que vous fassiez, vous aurez du mal à réussir.

quels que soient vos efforts...

8. Quoi que ce soit que vous disiez, je vous absoudrais.

formule lourde, à éviter.

– QUOIQUE, en un seul mot, peut être remplacé par « bien que ». Il se construit le plus souvent avec le subjonctif, mais quelquefois avec le participe.
– QUOI QUE, en deux mots, peut être remplacé par « quelque chose que... », ou « quelle que soit la chose que... ». Il se construit avec le subjonctif.

1. AUCUN

EXEMPLES	REMARQUES
1. Serge ne fait **aucun** effort pour réussir.	Adjectif avec le sens de « **pas un** ».
2. Il n'a eu **aucuns frais**.	Adjectif indéfini. Aucun prend la forme du pluriel lorsqu'il est suivi d'un nom **qui ne s'emploie qu'au pluriel.** Emploi rare.
3. Aucun train n'est arrivé à l'heure.	Adjectif. Ne pas dire : « ... n'est pas arrivé à l'heure ».
4. Je vous pose une question : **aucun** ne me répond.	Pronom indéfini accompagné de **ne**, avec le sens de « **personne** ». Lorsqu'il est pronom, « aucun » ne s'emploie qu'au singulier. Une exception : d'aucuns (voir ci-dessous exemple 7).
5. Le médecin vous a-t-il donné un médicament à prendre? – **Aucun.**	Pronom employé absolument avec le sens de **pas un seul.**
6. Malgré l'accident, **aucun** camion, **aucune** voiture ne s'arrêta (ne s'arrêtèrent).	Avec aucun répété, l'accord du verbe se fait avec le plus rapproché ou avec l'ensemble.
7. D'aucuns (d'aucunes) se plaindront de ma sévérité.	Pronom avec le sens de « quelques-uns ». C'est une expression ancienne, qui fait langage recherché.

EXEMPLES	**REMARQUES**
8. **Nul** être civilisé ne devrait approuver de telles méthodes.	Adjectif indéfini construit avec **ne** dans le sens de « **pas un** ». Exemple de langue soutenue.
9. Vos copies sont **nulles**.	Adjectif qualificatif qui s'accorde en genre et en nombre. Le sens est : « **sans valeur** ».
10. **Nul** ne peut prédire l'avenir. **Nul** n'est censé ignorer la loi.	Pronom indéfini employé en tête de phrase, avec le sens de « **personne** ». Exemples de langue soutenue ou administrative.
11. **Nul** garçon, **nulle** fille n'échappa (n'échappèrent) à l'épidémie de grippe.	Avec **nul** répété, l'accord du verbe se fait avec le plus rapproché ou avec l'ensemble.
12. **Nul doute qu'**il viendra à cette fête.	**Nul doute** est suivi de l'**indicatif**, lorsqu'il s'agit d'un **fait sûr**.
13. **Nul doute qu'**il viendrait s'il le pouvait.	**Nul doute** est suivi du **conditionnel**, lorsqu'il s'agit d'un **fait incertain**.
14. **Nulle part** on ne trouve de si bons restaurants.	« Nulle part » est une locution **adverbiale**, donc, invariable.

– « Aucun » et « nul » ont des sens voisins. Ils s'emploient la plupart du temps avec **ne**.
– **Employés comme adjectifs, ils peuvent s'accorder en genre et en nombre (exemples n° 2 et 9).**
– **Employés comme pronoms, ils signifient souvent « personne ».**

14. NE... PAS et NE

---

1. NE exprimant une négation et employé seul.

La négation complète est ne... pas.
Ne peut aussi être employé avec guère, jamais, plus, que, etc... dans un sens négatif ou restrictif.
Pour ne employé seul, il faut distinguer ne **négatif** de ne **explétif.** (Un mot explétif est un mot qui est utilisé sans être nécessaire au sens de la phrase.)

EXEMPLES	REMARQUES
1. Je n'ose vous dire que vous êtes dans l'erreur.	« Ne » peut être employé seul avec les verbes tels que oser, savoir, avoir, pouvoir, cesser (= je n'ose [pas] vous dire que vous êtes dans l'erreur.
2. Ni lui ni moi n'irons assister à cette comédie.	Après ni... ni... on emploie « ne » seul.
3. **Rien ne** peut le dérider. **Jamais** il **ne** viendra.	Avec rien et jamais on emploie « ne » seul. Il ne faut pas de double négation. De même avec guère, nul, aucun, nullement, personne.
4. Qui **ne** voudrait gagner à la loterie?	Dans certaines interrogatives commençant par *qui* ou *que* on emploie « ne » seul.
5. Il se plaint d'être sans le sou, que **ne** travaille-t-il?	« Que » a ici le sens de pourquoi. Exemple de langue soutenue et emploi vieilli.
6. Si je **ne** me trompe, il est l'heure de partir.	On pourrait aussi bien dire : « si je ne me trompe pas... ».
7. Qui **ne** dit mot consent.	« Ne » est employé seul dans les proverbes ou les phrases sentencieuses.

2. NE explétif (c'est-à-dire n'exprimant pas une négation) dans la subordonnée.

EXEMPLES	REMARQUES
8. Défendre qu'on vienne ou qu'on **ne** vienne (= *interdire de venir* et non *interdire de ne pas venir*).	Après les verbes ou les locutions signifiant « empêcher », « éviter », « défendre » que, etc...
9. De peur qu'il aille ou qu'il **n'**aille...	Après les verbes ou les locutions signifiant « craindre », « désespérer », « avoir peur », « de peur que », « de crainte que », etc...
10. Je ne doute pas que la chose soit vraie ou **ne** soit vraie...	Après les verbes de doute ou de négation employés **négativement** ou **interrogativement**. (Par contre, si ces verbes sont employés affirmativement, on n'emploie pas « ne ». On dira donc : je doute que la chose soit vraie.) Outre « douter » et « mettre en doute », admettent la même construction les verbes suivants : « contester », « désespérer », « disconvenir », « dissimuler », « méconnaître », « nier »; et de même après les expressions du type : « nul doute que », « point de doute que », « il n'est pas douteux que », etc...
11. Il ne tient pas à moi que cela se fasse ou **ne** se fasse.	Après les expressions : « il tient à peu que », « il ne tient pas à... que », « il s'en faut que », « peu s'en faut que ».
12. L'année a été meilleure qu'on l'espérait ou qu'on **ne** l'espérait.	Après les comparatifs, les superlatifs.
13. Les résultats sont autres qu'on le croyait ou qu'on **ne** le croyait.	Après les mots indiquant une comparaison : autre, autrement que, etc...

67

14. A moins qu'on accorde le pardon ou qu'on **n'** accorde le pardon.

Après les locutions « à moins que », « avant que ».

---

3. Cas particuliers :

EXEMPLES	**REMARQUES**

15. a) Je crains qu'il **ne** vienne **pas.**
b) Je crains qu'il **ne** vienne (ou je crains qu'il vienne).

La phrase 15 a signifie : « je souhaite qu'il vienne ». Les deux phrases 15 b signifient : « Je souhaite qu'il ne vienne pas. »

16. Je suis entré **sans qu'**il m'ait aperçu.

Après « sans que » on évite d'employer le ne explétif.

17. On est arrivé sans difficulté.

Dans une phrase **affirmative,** c'est une erreur d'introduire **ne** entre on et le verbe qui suit s'il commence par une voyelle.

18. On n'est pas arrivé à l'heure.
On **n'**arrivera jamais.
On **n'**arrivera que demain.

Par contre, dans une phrase **négative** (ne... pas, ne... jamais) ou **restrictive** (ne... que), le ne est obligatoire entre « on » et le verbe qui suit, qu'il commence par une voyelle ou une consonne. Pour savoir si l'on met n', remplacez « on » par « nous » : « nous *ne* sommes *pas* arrivés ».

19. Il **n'**en a jamais.
Elles **n'**en veulent pas.

Avant « en » et dans une **phrase négative** on emploie toujours ne. On écrira en particulier : on en a (affirmatif); on n'en a pas (négatif).

---

1. Lorsque **ne** exprimant une négation est employé seul, on peut presque toujours employer pas sans faute grave. Ainsi, dans l'exemple 1, on peut dire aussi bien : « Je n'ose vous dire... » que « Je n'ose pas vous dire... ».
2. Dans le cas de ne explétif (c'est-à-dire n'exprimant pas une négation), l'arrêté du 28 décembre 1976 indique que « l'usage n'impose pas l'emploi de ne dit explétif », qui appartient à la langue soutenue.

15. TOUT et RIEN

**TOUT peut être un nom, un pronom,
un adjectif, un adverbe.
RIEN peut être un nom, un pronom.**

1. TOUT

EXEMPLES	**REMARQUES**

I. TOUT, nom. (Pluriel rare : touts.)

1. Le tout est de réussir.

« tout », nom, signifie : « la chose la plus importante ».

2. Est-ce que je vous emballe **le tout**?

c'est-à-dire « l'ensemble ».

II. TOUT, pronom. (Pluriel : tous, toutes.)

3. Jacques, Brigitte, Luc et Serge, **tous** m'ont assuré de leur appui.

« tous » représente les personnes citées, dans leur ensemble.

4. Hors-d'œuvre, rôti, dessert, **tout** était bon dans ce repas.

« tout » représente « la totalité des choses ».

III. TOUT, adjectif (tous, toute, toutes).

5. Tous les hommes. **Toutes** les femmes. **Tous** ceux-là. **Toutes** celles-ci. **Tous** les miens.

« tout » précise le nom ou le pronom, en donnant l'idée de totalité sans exception.

6. Toute médaille a son revers.

c'est-à-dire « chaque ».

7. Pour **toute** consolation, il a reçu une lettre.

c'est-à-dire « pour **seule** consolation ».
Dans ce sens, il est toujours précédé de la préposition « pour ».

8. Toute autre solution conviendrait.

c'est-à-dire n'importe quelle autre solution (voir exemple n° 14).

69

Dans ce cas, « autre » peut être supprimé :

« toute » se rapporte à « solution ».

9. Des marchandises de toute sorte ou de toutes sortes.
De tout côté ou de tous côtés.
En tout lieu ou en tous lieux.
A tout moment ou à tous moments.
En tout point ou en tous points.
En tout genre ou en tous genres.
En toute occasion ou en toutes occasions.

On emploie le singulier si « tout » est pris dans un sens distributif, et le pluriel s'il est employé dans le sens collectif; c'est pourquoi l'on dira : « à toute vitesse », mais « à toutes jambes ».

IV. TOUT, adverbe, avec le sens de « totalement ».

10. La vallée **tout** entière était inondée.

c'est-à-dire « entièrement, totalement, dans toutes ses parties ».

11. Les enfants sont **tout** en pleurs.

c'est-à-dire « totalement » : ils pleurent à chaudes larmes. A distinguer de « sont tous en pleurs » où *tous* est un pronom : l's s'entend.

12. Je vous écoute : je suis **tout** oreilles.

c'est-à-dire : *je suis* « entièrement » à ce que vous dites.

13. a) **Elles sont tout** étonnées, **toutes** honteuses.
b) Elles sont **tout** heureuses, **toutes** joyeuses.
c) Ils sont **tout** nouveaux dans le quartier et **tout** enchantés d'y être.
Elles sont **toutes** nouvelles dans le métier et **tout** enchantées de cet emploi.

« Tout », adverbe, est invariable devant un adjectif au féminin commençant par une voyelle ou un h muet (heureuses).
« Tout », adverbe, est variable devant un adjectif au féminin commençant par une consonne ou un h aspiré (honteuses). Remarquons que « toutes honteuses », « toutes joyeuses » peut aussi bien signifier « toutes sans exception » que « grandement ».

14. C'est une **tout** autre solution qu'il faudrait.

c'est-à-dire « entièrement » autre (voir exemple n° 8). Dans ce cas, « autre » ne peut pas être supprimé : **« tout » modifie « autre ».**

70

EXEMPLES   **REMARQUES**

I. RIEN, nom. (Pluriel : riens.)

1. Un rien l'émeut.   c'est-à-dire « très peu de chose ».

2. S'amuser à des **riens.**   c'est-à-dire « à des choses sans valeur ».

II. RIEN, pronom.

3. Rien ne sèche plus vite qu'une larme.   c'est-à-dire « nulle chose ».

4. Il **n'**y a **rien** d'autre à faire.
Il **n'**y a **rien** de plus facile.   c'est-à-dire « nulle autre chose ». Rien se construit, généralement, avec *ne*.

5. Elle veut « **tout** ou **rien** ».   c'est-à-dire « la totalité ou le néant ».
Ici il y a un tour raccourci (« ou ne veut rien »).

Locutions construites à partir de tout.

pas du tout = nullement, absolument rien.
tout de suite = immédiatement.
tout à coup = soudain.
tout d'un coup = d'un seul coup, en même temps.
tout à fait = complètement.
en tout = tout compris.
tout de même = cependant.
tout à l'heure = dans peu de temps.
tout au plus = au maximum.
tout de travers = de façon complètement déformée.
tout d'une traite = sans arrêt.

Locutions construites à partir de rien.

rien du tout = absolument rien.
en moins de rien = en un temps très court.
rien moins que = pas du tout (1).
moins que rien = sans valeur, nul.
rien de moins que = pas moins que (1) (donc valeur positive).
comme si de rien n'était = comme s'il n'était rien arrivé.
ne savoir rien de rien = absolument rien.

---

1. Ex. : a) « Il n'était **rien moins que** paresseux » signifie : il n'était **pas du tout** paresseux.
b) « Il n'était **rien de moins qu'**un paresseux » signifie : il était **tout à fait** paresseux.

16. OU et OÙ?

Quand doit-on mettre un accent?

EXEMPLES	REMARQUES

I. OU, conjonction de coordination

1. Il faut qu'une porte soit ouverte **ou** fermée.

« ou » marque l'alternative. Il peut être remplacé par **ou bien**.

2. Ma nièce **ou** la fille de mon frère.

il s'agit de la même personne; « ou » a pour sens ici : « **autrement dit** ».

3. Écoutez tous, **ou bien** je m'en vais!

« ou » est souvent remplacé par « **ou bien** », ce qui donne plus de force à l'alternative.
« Bien » est un adverbe d'insistance.

II. OÙ, adverbe et pronom

4. **Où** avez-vous lu cela?

« où » interroge sur le lieu d'origine.

5. **Où** courez-vous comme cela?

« où » peut interroger aussi sur le lieu de destination.

6. **Où** la chèvre est attachée, il faut qu'elle broute.

« où », pronom adverbial à valeur de relatif, sans antécédent, indique le lieu : « **à l'endroit où** ».

7. La montagne d'**où** il descendait se couvrait de nuages.

« d'où » indique la provenance; il ne faut pas dire « **dont** », qui est réservé pour les **personnes** (exemple : les ancêtres dont il descendait). Pour les **choses**, on emploie « **d'où** ».

- Si vous pouvez remplacer ou par ou bien, autrement dit, vous ne mettez pas d'accent.
- Dans le cas d'une interrogation sur le lieu, ou si vous pouvez remplacer où par duquel, de laquelle, dans laquelle, etc., mettez un accent.

---

17. D'EN ou DANS
S'EN ou SANS
N'Y ou NI
S'Y ou SI

EXEMPLES	**REMARQUES**
1. Dans le numéro de ce chansonnier, il y a tant de gags que nous n'avons pas fini **d'en** rire.	On écrit **en un seul mot** « dans » lorsqu'on peut le remplacer par **« à l'intérieur de »** ou une autre proposition : « dans l'intention de » = avec l'intention de. « Dans » deux ans : au bout de deux ans. On écrit **en deux mots** « d'en » lorsqu'on peut le remplacer par **« de cela »**.
2. a) Sans aller aussi loin dans les sables mouvants, il **s'en** serait tiré. **b) Sans s'en** rendre compte...	On écrit **en un seul mot** « sans » pour une idée de négation, d'exclusion, de privation. Attention : ne pas confondre « sans aller » et « s'en aller ». On écrit **en deux mots** « s'en » lorsqu'on peut dire « se... en » ou si on peut remplacer ici « se » par « me ».
3. Il n'y a plus **ni** petits pains **ni** croissants. Vous **n'y** songez pas! **N'y** faites pas attention!	On écrit **en un seul mot** « ni » lorsqu'on peut le remplacer par « pas de, aucun ». On écrit **en deux mots** « n'y » lorsqu'on peut dire « ne... à cela » ou « ne... là » dans « je n'y vais pas ». « Y » est soit adverbe (et il signifie « en cet endroit-là »), soit pronom personnel (et il signifie « à cela », « à lui », « à elle »).
4. Son discours est **si** embrouillé qu'on ne **s'y** retrouve pas.	On écrit **en un seul mot** « si » lorsqu'il a le sens de « tant, tellement » ou qu'au début d'une proposition il signifie « à condition que ». Exemple : Si vous voulez. » On écrit **en deux mots** « s'y » lorsqu'on peut dire « se... à cela » ou « se... là » ou le remplacer par « je m'y » ou « tu t'y ».

18. QUEL – QUELS
QUELLE – QUELLES
QU'ELLE – QU'ELLES
TEL QUEL – TELLE QU'ELLE
AUQUEL – AUXQUELS, AUXQUELLES

EXEMPLES	REMARQUES
1. De ce sommet, **quelle** vue magnifique! **Quelles** belles vallées! **Quels** beaux arbres! On ne sait de **quel** côté porter ses regards!	« Quel » est adjectif exclamatif ou interrogatif, variable en genre et en nombre; « quel » s'emploie devant un nom : ce nom peut évidemment être précédé d'un adjectif qualificatif.
2. **Qu'elles** viennent donc, puisqu'elles en ont envie! Je crois **qu'elle** viendra, mais **qu'elle** fasse ce **qu'elle** veut!	On écrit **en deux mots** « qu'elle, qu'elles » lorsqu'on pourrait dire « qu'il, qu'ils »; « qu' » est une conjonction ou un pronom relatif.
3. La marchandise nous a été livrée **telle quelle**.	« Tel quel » signifie « comme il est », « dans l'état où il se trouve ». « Tel quel » s'accorde en genre et en nombre avec le nom ou le pronom auquel il se rapporte. **Ne pas dire « tel que »** dans ce cas.
4. Corinne nous a raconté son aventure **telle qu'elle** l'avait vécue.	On écrit **en trois mots** « telle qu'elle », expression suivie d'un verbe, lorsqu'elle peut être remplacée par « **telle qu'il, tel qu'il** ».
5. De ces livres, **auquel** avez-vous donné votre préférence? De toutes ces histoires, **laquelle** préférez-vous? A **laquelle** ou **auxquelles** donnez-vous le plus de crédit?	Pour savoir si l'on doit dire : auquel, à laquelle, auxquels, auxquelles, duquel, de laquelle, desquels, desquelles, lequel, laquelle, lesquels, lesquelles, il faut rechercher le nom que ces pronoms relatifs représentent et faire l'accord avec ce nom.

74

19. PARCE QUE ou PAR CE QUE
QUELQUEFOIS ou QUELQUES FOIS
BIENTÔT ou BIEN TÔT
AUSSITÔT ou AUSSI TÔT

EXEMPLES	REMARQUES
1. Il était intéressé **par ce que** je lui racontais et non **parce que** je disais la vérité.	On écrit **en trois mots** « par ce que » quand on peut le remplacer par « **la chose que** » ou par « d'après ce que ». On écrit **en deux mots** « parce que », locution conjonctive, quand on peut remplacer « parce que » par « **pour la raison que**, étant donné que, puisque ».
2. **Quelquefois** il vient au marché; je l'y ai rencontré **quelques fois.**	On écrit **en deux mots** « quelques fois » dans le sens de « **plusieurs fois** ». On écrit **en un seul mot** « quelquefois » dans le sens de « **de temps en temps, parfois** ». La différence de sens est d'ailleurs mince.
3. Je quitterai **bientôt** cette réunion; peut-être trouverez-vous que c'est **bien tôt**!	On écrit **en un seul mot** « bientôt » lorsque l'on peut le remplacer par « **dans très peu de temps** ». On écrit **en deux mots** « bien tôt » lorsque l'on peut l'opposer à « **bien tard** ».
4. **Aussitôt** que tu m'as averti de cet accident, j'ai pris le train pour arriver **aussi tôt** que possible dans la journée.	On écrit **en un seul mot** « aussitôt », adverbe ou locution conjonctive, quand le sens est « **dès que**, au moment même ». On écrit **en deux mots** « aussi tôt », locution adverbiale, quand on peut remplacer « **tôt** » par « **tard** ».

20. AUSSI ou AUTANT
AUTANT ou TANT
TANT ou SI
PLUS ou MIEUX
PLUS ou DAVANTAGE

EXEMPLES	REMARQUES
1. Aussi savant que modeste. Savant **autant** que modeste.	Dans une comparaison, avec deux adjectifs, on place « aussi » devant le premier et « autant » entre les deux. « Aussi » exprime une idée de qualité, et « autant », une idée de quantité. Le deuxième exemple est de la langue soutenue.
2. Donnez **autant** d'argent que vous pouvez. Rien ne pèse **tant** qu'un remords.	Autant : une aussi grande somme. Tant : autant (... aussi lourd que...).
3. Il n'est pas **si** méchant que cela. Il vous aime **tant** qu'il en perd la tête.	« Si » et « tant » ont pour sens « tellement ». Avec un adjectif, on emploie de préférence « si ». Avec un verbe, on utilise « tant » (= à un point tel que...).
4. Il a **mieux** travaillé que vous. Il a **plus** travaillé que vous.	« Mieux » indique une idée de qualité, et « plus » une idée de quantité.
5. Il a **plus** d'argent que toi. Tu as de l'argent, il en a **davantage.**	« Plus » peut être suivi d'un complément et de que. « Davantage », pour de nombreux grammairiens, ne peut être suivi d'un complément; et pourtant, l'expression « davantage de... » est passée dans la langue courante.

4. L'ORTHOGRAPHE D'USAGE

Cas particuliers d'orthographe d'usage :

ALLÉGER	mais	ALOURDIR
BARRIQUE	mais	BARIL
BONHOMME	mais	BONHOMIE
CHARRETTE	mais	CHARIOT
COLLER	mais	ACCOLER
COMBATTRE	mais	COMBATIF
CONSONNE	mais	CONSONANCE
COURRIER	mais	COUREUR
DONNER	mais	DONATEUR
FOLLE	mais	AFFOLER
FOURMILLER	mais	FOURMILIÈRE
GUERRE	mais	GUÉRILLA
HOMME	mais	HOMICIDE
HONNEUR	mais	HONORER
HUTTE	mais	CAHUTE
IMBÉCILLITÉ	mais	IMBÉCILE
PATRONNER	mais	PATRONAT
SIFFLER	mais	PERSIFLER
SONNER	mais	SONORE
SOUFFLER	mais	BOURSOUFLER

1. CE MOT EST-IL DU MASCULIN OU DU FÉMININ?

« Le nom ne tient d'aucun autre mot son genre ou son nombre; son genre masculin ou féminin, est tantôt une indication du sexe (genre naturel), tantôt une donnée de l'usage (genre grammatical); son nombre (singulier ou pluriel) est fixé par la réalité qui vise le discours. C'est le nom qui commande, par l'accord, les marques du genre et du nombre des mots variables qui, en raison de leur rapport syntaxique avec lui, sont susceptibles de les recevoir. »

Circulaire du 22 juillet 1975.

Savoir le genre d'un mot est indispensable pour écrire ou parler correctement : ex. : *un* alvéole, *une* oasis, *un* beau camée, *une* jolie gemme.

Voici donc une liste de mots dont le genre, pour différentes raisons, peut prêter à confusion, ainsi que les principales règles sur le genre.

1re colonne, à gauche : les mots masculins ou que l'usage a consacrés comme tels : exemple : *pamplemousse,* qui a été féminin, doit désormais être employé au masculin.

2e colonne : les mots qui s'emploient au masculin, pour les deux genres : on dira « un écrivain » mais « une femme écrivain ».

3e colonne : les mots dont le genre (masculin ou féminin) est précisé par l'article, le qualificatif ou le déterminatif qui les accompagne : un collègue ennuyeux, une charmante collègue.

4e colonne : les mots qui en changeant de sens changent de genre : un manche d'outil, la première manche de la partie.

5e colonne : les mots féminins ou que l'usage a consacrés comme tels (exemple : palabre annoncé comme des deux genres par l'Académie, mais que l'usage fait féminin). Notez que le mot star, d'origine anglaise, n'est employé qu'au féminin : « Ce danseur est une star internationale. »

- Les noms en *age* sont masculins, sauf image, nage, rage, etc.
- Les noms en *-aison* et en *-ande* sont féminins, sauf multiplicande.
- Les noms en *-al* sont masculins.
- Les noms en *-aine* et en *-esse* sont féminins.
- Les noms en *-ail* sont masculins.
- Les noms en *-aie*, en *-aille*, en *-eille*, en *-ille* sont féminins, sauf braille, quadrille, trille, etc.
- Les noms en *-ance* et en *-ence* sont féminins, sauf silence.
- Les noms en *-ade* sont féminins, sauf jade, phyllade.
- Les noms en *-ement* sont masculins.
- Les noms en *-ée* sont féminins, sauf lycée, musée et les autres mots en *-ée* indiqués dans la colonne « masculins ».
- Les noms en *-eil* sont masculins.
- Les noms en *-eur* évoquant un métier, une spécialité, une activité, un objet, sont masculins.
- Les noms abstraits en *-eur* sont féminins, sauf bonheur, honneur, labeur, malheur.
- Les noms en *-illon* et en *-ier* sont masculins.
- Les mots en *-ité* (à l'exception des participes passés) sont féminins.
- Les mots en *-isme* sont masculins.
- Les mots en *-ie* sont féminins, sauf aphélie, génie, incendie, para-pluie, périhélie, sosie.
- Les noms en *-in* et en *-is* sont masculins, sauf fin, brebis, oasis, souris, syphilis, etc.
- Les noms en *-tion*, *-ation*, *-ition*, *-otion*, *-ution*, etc., sont féminins, sauf bastion, brution.
- Les noms en *-ure* sont en général féminins, sauf augure, bromure, cyanure, mercure, murmure, pagure, parjure, sulfure, etc.
- Les noms des métaux et des métalloïdes sont masculins.
- A part le Droit, les noms de sciences sont en général féminins.
- A l'exception de quelques arbrisseaux comme l'aubépine, la vigne, la viorne, tous les noms d'arbres sont masculins (sauf la yeuse).
- De très nombreux adjectifs (notamment en *-iste*) employés comme noms admettent les deux genres : un ou une monarchiste, un ou une communiste.
- Les noms de métiers ou de spécialités de création récente admettent le genre des mots qui les accompagnent : un ou une cosmonaute, un ou une anesthésiste.
- Les noms en *-a* sont souvent masculins, mais parfois féminins comme isba, malaria, samba, taïga, toccata, tombola, véranda, villa, etc.

**Il n'y a pas de règles sans exception,
même dans le genre des mots.**

Toujours masculins	Masculins sans féminins	Masculins et féminins Indifféremment d'après l'accompagnement	Masculins ou féminins selon le sens	Toujours féminins
abaque				abbaye
abîme				abscisse
abysse				abside
acrostiche	acolyte			acné
	acquéreur			
				acoustique
adage		acrobate		acropole
		actuaire		
aérolithe		adepte		
aéronef		adversaire		agape
aéroplane	agresseur	aéronaute	aide (1)	agora
			aigle (2)	agrafe
agrume				aise
akène		aide		alcôve
albâtre				algarade
alpage		algébriste		algèbre
alvéole				alidade
				allège
				alluvion
				alpe
amalgame	amateur			améthyste
ambre	amphibie		amour (3)	amibe
amiante				ammoniaque
ammoniac				amnistie
anathème	ange	analyste		anacoluthe
anévrisme		ancêtre		anagramme
antidote		anesthésiste		ancre
antipode		antagoniste		anicroche
antre				ankylose
				annexe
apanage	apôtre			antichambre
aphte				apostrophe
				apothéose
apogée				appendicite
apologue				approche
appendice				
arcane				
armistice	architecte	arbitre		arabesque
aromate		artiste		argile
arôme		ascète		artère

(1) masculin : personne qui aide; féminin : secours, assistance.
(2) m : oiseau; f : étendard.
(3) Au singulier, il est masculin. Au pluriel, il est féminin.

Toujours masculins	Masculins sans féminins	Masculins et féminins Indifféremment d'après l'accompagnement	Masculins ou féminins selon le sens	Toujours féminins
asile				astuce
asphalte				
asphodèle	assassin			atmosphère
astérisque	assesseur			attache
asthme	assureur			
athénée	astrologue	astronaute		automobile
atome	athlète	athée		autoroute
augure		atomiste		
auspice	auteur	attentiste		avant-scène
autoclave	automate	aubergiste		avoine
autodrome		autodidacte		azalée
autographe		auxiliaire		
azote		aveugle	aune (1)	balustrade
				basane
bacille	bandit	barbare		basilique
balustre	bâtonnier	bigame	barde (2)	bauxite
basalte	benêt	bipède		benzine
basilic	bouliste	borgne		brute
benzène	bourgmestre	buraliste		
	bourreau			calandre
braille	brandon	calligraphe		camériste
bromure	brigadier	camarade	cache (3)	campanule
bulbe	brigand	cannibale	carpe (4)	canaille
		capitaliste	cartouche (5)	câpre
caducée		cartographe		catapulte
calque		catéchiste		caténaire
camée	calmant	catéchumène		cédille
cataphote	cambiste	cégétiste		céramique
catarrhe	camionneur	célibataire	ciste (6)	chéchia
cautère	capitaine	centenaire	coche (7)	chrysalide
cénotaphe	carburant	centriste		
cèpe	censeur	céramiste	couple (8)	
cérame		chartiste	crêpe (9)	
cerne	chaperon	chimiste	critique (10)	
chambranle	charlatan	chorégraphe		
chèche	chauffeur	choriste		
chrysanthème	chef	collègue		
cippe	chérubin	communiste		
cloaque	chronomé-	comparse		
cloporte	treur	complice		
codicille	cinéaste			

(1) m : l'aulne ; f : mesure ancienne.
(2) m : poète ; f : armure ou tranche de lard.
(3) m : papier noir empêchant l'impression d'une partie de texte ou de dessin ; f : lieu secret.
(4) m : os ; f : poisson.
(5) m : partie réservée au titre dans un dessin ; f : porte-balle.
(6) m : arbrisseau ; f : corbeille d'osier.
(7) m : voiture ; f : entaille.
(8) m : homme et femme ; f : lien.
(9) m : étoffe ; f : galette.
(10) m : celui qui juge ; f : jugement.

Toujours masculins	Masculins sans féminins	Masculins et féminins indifféremment d'après l'accompagnement	Masculins ou féminins selon le sens	Toujours féminins
colibacille		comptable		crapule
comble	colon	concertiste		
concombre	commis	concierge		
conifère	concession-	conformiste		
coryphée	naire	congénère		
cothurne	consul	congréganiste		
courtille	contralto	conseiller		
critère	cuistre	conservateur		
crotale		contribuable		
		convive		
		copiste		
		copropriétaire		
		cosmonaute		
		cycliste		
dactyle	défenseur	dactylographe		darne
dahlia	démon			dartre
décadi	député	défaitiste	délice (1)	décade
décime		déiste	doris (2)	décennie
dédale	despote	démissionnaire	drille (3)	déplantation
déplantage	détective	démocrate		
diabète	diplomate	démographe		disparate
dièse	disciple	démoniaque		dupe
diorama	doyen	dentiste		durit
	dragon	dépositaire		dynamo
		dermatolo-giste		
		destinataire		
		déterministe		
		dialoguiste		
		documenta-liste		
éboulis	économe	donataire		ébène
éclair	économiste	duettiste		ébonite
edelweiss	écrivain			écarlate
édicule	édile	échangiste		ecchymose
effluve		éditorialiste		échappatoire
élastique		égoïste		écharde
éloge		élève		éclipse
élytre		émule		écoutille
embarcadère		enfant	enseigne (4)	écritoire

(1) m : au singulier; f : au pluriel.
(2) m : bateau; f : mollusque.
(3) m : soudard (joyeux drille); f : porte-fo-ret.
(4) m : officier; f : étendard.

82

Toujours masculins	Masculins sans féminins	Masculins et féminins indifféremment d'après l'accompagnement	Masculins ou féminins selon le sens	Toujours féminins
emblème				écumoire
emphysème				effigie
emplâtre				égérie
empyrée	émissaire			égide
encéphale				embûche
en-tête				emphase
entracte				encaustique
entrejambe				enclave
éphèbe				endive
éphémère				entaille
épilogue				entrave
épisode				entrecôte
épithalame		équilibriste		entrefaite
équinoxe				entrevue
érysipèle	ermite	esclave		éphéméride
esclandre		espiègle		épice
escompte	escroc	esthète	escarpe (1)	épigramme
estuaire	essayiste	étalagiste	espace (2)	épigraphe
exergue		étymologiste		épitaphe
exode		existentialiste		épithète
exorde		externe		épître
		extrémiste		équerre
				équivoque
				esbroufe
				escarre
				espèce
				esquisse
				estafette
				estampe
				estime
faîte	fabuliste	fanatique	faune (3)	égide
	fat	fantaisiste	foudre (4)	exégèse
félibre	félin	fataliste		extase
fétiche		fédéraliste		faible
filigrane	fournisseur	féministe		faine
florilège		fétichiste		raribole
fluorure		fleuriste		fécule
follicule		flûtiste		fibranne
fourbi		fonctionnaire		fourmi
frontispice		fourbe		fresque
fuchsia		francophone		fronce

(1) m : bandit; f : talus de fossé.
(2) m : étendue; f : pièce de fonte en Arts graphiques.
(3) m : dieu; f : les animaux.
(4) m : tonneau ou grand capitaine (foudre de guerre); f : décharge électrique.

Toujours masculins	Masculins sans féminins	Masculins et féminins Indifféremment d'après l'accompagnement	Masculins ou féminins selon le sens	Toujours féminins
galbe		gastronome	garde (1)	galène
gamète	géomètre	germaniste	gauche (2)	ganache
girofle	gestionnaire	gosse	geste (3)	ganse
globule		grabataire	gîte (4)	gaufre
gnome			grand-croix (5)	gaze
gribouille			greffe (6)	gemme
grimoire			guide (7)	gent
gymkhana				glaire
gynécée				glose
				glu
haltère		helléniste		guérilla
haruspice		herboriste		guimauve
héliotrope		hérétique		
hémisphère	homicide			hécatombe
hémistiche				hélice
hère				horloge
herpès				hormone
hiéroglyphe				hulotte
holocauste				hydre
horoscope				hyperbole
hospice				hypothèque
humour	humoriste			
hyménée	hydrophobe	hypocrite	hymne (8)	
hypogée				
				icône
ictère				idole
idiome				idylle
iguane	imposteur			impasse
incendie	imprimeur	imbécile		insulte
inceste	ingénieur	indigène		interview
indice		insulaire		
insigne		intérimaire	interligne (9)	
interclasse		interne		
interlude		interprète		
intermède				
interstice				
intervalle				
iris				
isthme				
ivoire				

(1) m : surveillant; f : surveillance.
(2) m : déviation; f : partie gauche.
(3) m : mouvement; f : poème.
(4) m : lieu; f : inclinaison.
(5) m : personne décorée; f : grade.
(6) m : partie du tribunal; f : ente.
(7) m : conducteur; f : lanière.
(8) m : chant national; f : ode sacrée.
(9) m : espace entre deux lignes; f : lame de métal.

Toujours masculins	Masculins sans féminins	Masculins et féminins indifféremment d'après l'accompagnement	Masculins ou féminins selon le sens	Toujours féminins
jade		jéciste		
jamboree		jociste		
jaspe	jockey	jociste		
jujube	juge	journaliste		jeep
jute	juré	judoka		
kérosène			kawa (1)	
kilt				
kolkhoze				
lactose	lampiste	latiniste		
lange		laxiste	laque (2)	latérite
légume		légataire	livre (3)	lèse-majesté
lemme		libertaire		litote
lentisque		libraire		loutre
leurre		locataire		
libelle		loyaliste		
lignite				
limbe				
lobe				
lucre		malade		
luminaire		manucure		
lustre	maire	maquettiste	manche (4)	mandibule
magazine	médecin	marxiste	manille (5)	météorite
magistère	médium	mécanographe	manœuvre (6)	mi-temps
manipule	mime	médiéviste	martyr (e)	molécule
mannequin	ministre	météorologue	matricule (7)	moustiquaire
martyre	modèle	misanthrope	mémoire (8)	mycose
mausolée	monstre	misérable	merci (9)	
méandre		modéliste	mode (10)	
mégalithe		monarchiste	moufle (11)	
météore		moraliste	moule (12)	
miasme		motocycliste	mousse (13)	
mimosa		myope		
myrte				
naphte				nacre
narcisse	notaire	nationaliste		néfle
nimbe	nourrisson	naturaliste		noria
notable		naturiste		
nymphée		néophyte		

(1) m : poivrier; f : boisson.
(2) m : vernis de Chine; f : gomme résine.
(3) m : volume; f : unité de poids et monétaire.
(4) m : partie d'un outil; f : partie d'une veste ou partie d'un jeu.
(5) m : chapeau ou cigare; f : jeu de cartes.
(6) m : ouvrier; f : art de conduire.
(7) m : numéro d'inspection; f : registre d'inspection.
(8) m : exposé sommaire; f : souvenir.
(9) m : parole de politesse; f : grâce.
(10) m : forme, manière; f : usage.
(11) m : récipient; f : gant.
(12) m : appareil; f : mollusque.
(13) m : jeune marin; f : écume.

Toujours masculins	Masculins sans féminins	Masculins et féminins indifféremment d'après l'accompagnement	Masculins ou féminins selon le sens	Toujours féminins
		neutraliste		
		neutre	nielle (1)	
		nihiliste		
obélisque	officier	nomade	œuvre (2)	oasis
opercule	oppresseur	nonagénaire	office (3)	obole
opprobre	orateur	novice		ocre
opuscule	orfèvre		ombre (4)	octave
orbe	otage	obligatoire	ordonnance (5)	odyssée
ouvrage	outsider	occultiste	orgue (6)	offre
ovale		octogénaire	ouvrage (7)	omoplate
ove		oculiste		opale
ovule		opportuniste		optique
oxygène		organiste		orbite
ozone		ornithologue		orge
				oriflamme
pactole				ortie
palissandre		pacifiste		outre
pample-mousse	parlementaire	panthéiste	page (8)	
	parti (dans le sens de personne à marier)	parachutiste		palabre
pampre		paralytique		panacée
paraphe	pédiatre	paraplégique	paillasse (9)	pantomime
pastiche	peintre	parricide	palme (10)	patère
pécule	penseur	partenaire	parallèle (11)	
périgée	pilote	patriote	pendule (12)	primeur
périnée	pionnier	pédagogue	physique (13)	primevère
pétale	pirate		platine (14)	psyché
pétiole	possesseur	pédicure	poêle (15)	pulpe
planisphère	précurseur	pensionnaire	poste (16)	
pleur	prédécesseur	pessimiste		
pore		philanthrope	prétexte (17)	
poulpe		philatéliste	pupille (18)	

(1) m.: incrustation; f : plante ou maladie.
(2) m : ensemble des murs; f : travail ou publication littéraire. Au pluriel œuvres est toujours féminin.
(3) m : fonction; f : pièce voisine de la cuisine.
(4) m : poisson; f : assombrissement ou apparence.
(5) m : soldat attaché à un officier; f : arrangement, règlement ou prescription médicale.
(6) m : au singulier et au pluriel (lorsqu'il désigne au moins 2 instruments); f : au pluriel, lorsqu'il désigne un seul instrument.
(7) m : travail; f : à tort, dans la langue populaire, « de la belle ouvrage »; expression à éviter.
(8) m : jeune garçon; f : côté d'une feuille ou œuvre littéraire.
(9) m : farceur; f : grand sac bourré de paille pour le lit.
(10) m : mesure romaine valant 73 mm; f : feuille, décoration ou insigne.
(11) m : cercle de la terre (imaginaire); f : terme de géométrie.
(12) m : corps suspendu à un point fixe; f : horloge.
(13) m : aspect extérieur; f : science.
(14) m : métal; f : plaque ou plateau.
(15) m : appareil de chauffage ou drap mortuaire; f : ustensile de cuisine.
(16) m : lieu ou emploi; f : administration pour le courrier.
(17) m : raison apparente; f : robe blanche pour les jeunes patriciens à Rome.
(18) m : orphelin de l'État; f : partie de l'œil.

Toujours masculins	Masculins sans féminins	Masculins et féminins indifféremment d'après l'accompagnement	Masculins ou féminins selon le sens	Toujours féminins
propylée	préfet	philosophe		
protée	procureur	physiologiste		
prytanée	professeur	pianiste		
pygmée	prosélyte	pigiste		
		polémiste		
		polyglotte		
		portraitiste		
		presbyte		
		propriétaire		
		proxénète		
		psychologue		
		psychopathe		
		publiciste		
quadrige	quadrupède	quadragénaire		
quinconce		quinquagé- naire		
rail	recteur	raciste	réclame (1)	recrue
réticule	régisseur	radiesthésiste	relâche (2)	réglisse
romanée		radiologue		renoncule
		rationaliste		
		rebelle		
		régicide		
		royaliste		
saccharose	sauveteur	salutiste		
satellite	scrutateur	sans-logis	secrétaire (3)	scolopendre
satyre		scootériste		sépia
scarabée	sculpteur	secouriste		spore
schiste	soprano	sectaire	solde (4)	stalactite
scion	sosie	sédentaire	somme (5)	stalagmite
sépale	souscripteur	septuagénaire		stèle
sigisbée	sous-préfet	sexagénaire	suspense (6)	sténotype
socque	sous-secré- taire	signataire		
spondée		sinologue		
stère		sioniste		
stipe	substitut	snob		
stress	successeur	socialiste		
sulfamide		sociétaire		
sulfure		sociologue		
svastika		soliste		

(1) m : cri pour faire revenir le faucon; f : publicité.
(2) m : interruption du travail; f : pour un bateau, lieu d'arrêt.
(3) m : meuble de bureau; f : auxiliaire de bureau.
(4) m : reliquat d'une somme; f : traitement.
(5) m : temps de sommeil; f : addition.
(6) m : se prononce « suss-péns » = attente angoissée; f : peine ecclésiastique.

Toujours masculins	Masculins sans féminins	Masculins et féminins indifféremment d'après l'accompagnement	Masculins ou féminins selon le sens	Toujours féminins
		somnambule		
		souillon		
		sous-locataire		
		spirite		
		stagiaire		
		stakhanoviste		
		sténographe		
		sténotypiste		
		stomatologiste		
		styliste		
		sybarite		
		symphoniste		
		syndicaliste		
tarse				
tartre				
tentacule	témoin	technocrate		
termite	traiteur	télégraphiste		
thrène	transporteur	télépathe		
trèfle	tyran	téléphoniste		
		terroriste		
		thérapeute		tique
trille		titulaire		topaze
trophée		touriste	torque (1)	
trouvère		travailliste	tour (2)	
tubercule		trompettiste		
tulle		trotskiste	trompette (3)	
		turfiste		
ulcère	urbaniste	unijambiste		urticaire
		utopiste		
vaudeville	vainqueur	velléitaire	vapeur (4)	vésicule
ventricule	vandale	violoncelliste		vigie
viscère	vétérinaire	violoniste	vase (5)	vis
volatile	voyou	virtuose	voile (6)	volte-face
				volute
		yankee		
zeste		zoologiste		

(1) m : collier gaulois; f : fil de fer roulé en cercle.
(2) m : circonférence, machine; f : maison élevée.
(3) m : joueur de l'instrument; f : instrument de musique.
(4) m; bateau; f : gaz.
(5) m : récipient; f : boue.
(6) m : étoffe; f : toile pour prendre le vent sur un bateau.

2. S ou X

Faut-il mettre, au pluriel, un S ou un X?

1) Les noms en		PLURIEL S		PLURIEL X
AIL	font	**AILS**	sauf	bail (baux)
				corail (coraux)
				soupirail (soupiraux)
				travail (travaux)
				vantail (vantaux)
				vitrail (vitraux)
OU	font	**OUS**	sauf	bijou (x)
				caillou (x)
				chou (x)
				genou (x)
				hibou (x)
				joujou (x)
				pou (x)

2) Les noms en		PLURIEL X		PLURIEL S
AL	font	**AUX**	sauf	aval (s)
			parmi	bal (s)
			les plus	bancal (s)
			employés	cal (s)
				carnaval (s)
				cérémonial (s)
				chacal(s)
				choral (s)
				festival (s)
				narval (s)
				pal (s)
				récital (s)
				régal (s)
				serval (s)
				(sans oublier les adjectifs : causal, fatal, final, natal, naval)

3) Les noms en

Les noms en		PLURIEL X		PLURIEL S
AU, EAU	font	AUX EAUX	sauf	landau (s) sarrau (s)
EU	font	EUX	sauf	bieu (s) émeu (s) lieu (s) (poisson) pneu (s)

4) Double pluriel avec souvent des sens différents

Aïeuls	ou Aïeux	Émails (1)	ou Émaux
Ails	ou Aulx	Idéals	ou Idéaux
Ciels	ou Cieux	Œils	ou Yeux
Étals	ou Étaux	Vals	ou Vaux

(à noter aussi : travails = appareils pour maintenir les animaux à ferrer ou à soigner).

---

1) En règle générale, « s » est la marque du pluriel.
2) Les noms singuliers en S, X, Z ne changent pas au pluriel.

---

1. Le pluriel « émails » est de création moderne.

3. SINGULIER ou PLURIEL?

I. – Les noms suivants ne sont employés qu'au **pluriel** (en dehors des familles, des animaux et des végétaux) :

abats m
abattures m
abois m
acquêts m
affres f
agissements m
agrès m
agrumes m
aguets m
ambages f·
annales f
appas m
appointements m
archives f
armoiries f
arrérages m
arrhes f
auspices m

balayures f
beaux-arts m
beaux-parents m
belles-lettres f
bésicles f
bestiaux m
branchies f
bribes f
brisées f
broussailles f
brucelles f

calendes f
castagnettes f
catacombes f
chips f
complies f
condoléances f
confins m

décombres m
dépens m
desiderata m
doléances f

écrouelles f
effondrilles f
entrailles f
épousailles f
errements m
essarts m

fiançailles f
floralies f
fonçailles f
fonts baptismaux m
frais m (dépenses)
frusques f
funérailles f

gémonies f
gens m ou f
grands-parents m
gravats m
guiches f

hardes f
honoraires m

immondices f
impedimenta m

jonchets m

latrines f
laudes f
lémures m
lupercales f

mânes m
matines f
mœurs f

nénies f
nippes f

obsèques f
oreillons m
ossements m

peilles f
pénates m
petits-enfants m
pierreries f
pouilles f
pourparlers m
prémices f
prolégomènes m

quatre-temps m

ramilles f
râtelures f
relevailles f
représailles f
rillettes f
rillons m
rogations f
royalties f
runes f

semailles f
sévices m
silves f
smocks m

taurides f
ténèbres f
thermes m

varia m
ventis m
vêpres f
victuailles f

91

II. – Les noms suivants sont employés au **singulier** :

A – Quelques mots particuliers, dans les expressions entre parenthèses :

– berne f (drapeau en berne)
– déclin m (entreprise en déclin)
– désarroi m (en plein désarroi)
– encombre m (sans encombre)
– entrelacs m (un bel entrelacs)
– muguet m (des brins de muguet)

Remarque : Bétail n'a pas de véritable pluriel. Le mot **bestiaux** n'est employé que pour les gros animaux. Bercail ne s'emploie qu'au singulier.

B – Les noms suivants ou leurs semblables ne s'emploient, de façon générale, qu'au singulier :

– l'abnégation, l'abstinence, l'arrogance, etc. et tous les noms abstraits;
– l'airain, l'aluminium, l'argent, le cuivre, etc. et tous les noms de métaux;
– l'adolescence, la jeunesse, etc. et les âges de la vie;
– la biologie, la botanique, la géologie, la géographie, etc. et les noms de Sciences;
– l'agréable, le beau, le vrai, etc. et les adjectifs employés comme noms; le boire, le manger, le parler, le savoir et les infinitifs employés comme noms.

REMARQUE :

Si certains des mots précédents ou leurs semblables (des bronzes, des cuivres, des ors, etc.) sont employés au pluriel, ils changent de sens.
Exemples :
1 – Cet orchestre a de très bons cuivres.
2 – Il a acheté deux géographies (deux livres).

4. PLURIEL DES NOMS COMPOSÉS

1. Si le nom s'écrit en un seul mot, il suit les règles habituelles de formation du pluriel. Exemples : pourboire (s), portefeuille (s), portemanteau (x). Exceptions : Madame, Mademoiselle, Monsieur, bonhomme, gentilhomme, qui font au pluriel : **Mesdames, Mesdemoiselles, Messieurs, bonshommes, gentilshommes.**

2. Si le nom s'écrit en deux mots (ou plus), il faut déterminer la nature de ces deux mots.

Si vous avez :	AU SINGULIER	AU PLURIEL
1. Nom + nom apposé (le second joue donc le rôle d'un adjectif).	un chou-fleur un chien-loup	**Accord pour les deux** (1) : des choux-fleurs des chiens-loups.
2. Nom + nom complément sans préposition exprimée.	timbre-poste (un timbre pour la poste) une transmission radio (par radio)	**Accord pour le premier** (1) : des timbres-poste des transmissions radio.
3. Nom + nom complément avec préposition.	un croc-en-jambe un clin d'œil	**Accord pour le premier** : des crocs-en-jambe des clins d'œil.
4. Nom + adjectif.	un coffre-fort un amour-propre	**Accord pour les deux** : des coffres-forts des amours-propres *Exception :* un terre-plein fait au pluriel : des terre-pleins (= pleins de terre).

1. Toutefois, lorsque le premier de ces mots est incomplet et ne constitue qu'une sorte de radical, généralement terminé par o ou i, il reste invariable: des électro-aimants; des Anglo-Saxons; des tragi-comédies; des broncho-pneumonies.

5. Adjectif + nom.	un beau-frère une plate-bande	**Accord pour les deux :** des beaux-frères des plates-bandes un blanc-seing, des blancs-seings (= des signatures en blanc), *exception :* un nouveau-né, des nouveau-nés (= des enfants nouvellement nés) (1).
6. Adjectif + adjectif.	un sourd-muet	**Accord pour les deux :** des sourds-muets.
7. Demi suivi d'un nom avec trait d'union.	une demi-finale	**Demi est toujours invariable :** des demi-finales.
8. Verbe + nom objet direct.	un essuie-glace un couvre-lit	**Pas d'accord pour le verbe** (2). **Accord possible pour le nom suivant le sens :** . des essuie-glace (sens général : la glace) . des couvre-lits (au pluriel désigne plusieurs lits). Notez que l'on écrit des ayants droit, des ayants cause (termes juridiques).
9. Verbe + nom objet indirect.	un touche-à-tout	**Invariable :** des touche-à-tout.
10. Verbe + adverbe.	un passe-partout	**Invariable :** des passe-partout.

1. Dans grand-mère, grand-messe, grand-tante, etc., l'adjectif grand reste généralement, par tradition, invariable au pluriel : des grand-mères, etc. Toutefois, on trouve chez plusieurs écrivains « des grands-mères », etc.

2. Notez que l'on écrit des gardes-malades, car il s'agit de « personnes » et le mot garde a le sens de gardien, mais des « garde-manger » car il s'agit d'une « chose » (« garde » vient du verbe garder).

11. Verbe + verbe.	le savoir-vivre	**Invariable :** des savoir-vivre.
12. Adverbe ou préposition + nom.	une arrière-boutique une arrière-neveu une contre-épreuve un sans-gêne	**Accord pour le nom (en général) :** des arrière-boutiques des arrière-neveux des contre-épreuves.
13. Proposition.	un sauve-qui-peut un pince-sans-rire	**Invariable :** des sauve-qui-peut des pince-sans-rire.

---

1. Le verbe, l'adverbe, la préposition ne prennent jamais la marque du pluriel.
2. Le nom et l'adjectif la prennent suivant le sens ou l'usage.

Chaque règle a ses exceptions : donc consulter la liste des mots invariables (p. 98).

N.B. : Les adjectifs composés suivent les mêmes règles.
Exemples :
– des cerises aigres-douces = accord des deux, lorsqu'ils conservent leur véritable valeur d'adjectif;
– les moyens audio-visuels d'enseignement = accord pour le second seulement, suivant la remarque page 93, note 1;
– les signes avant-coureurs de la crise = si l'adjectif composé est formé d'un mot invariable (adverbe ou préposition) et d'un adjectif, **seul ce dernier varie;**
– des filles court-vêtues = si le premier adjectif est employé comme adverbe, il est invariable.

5. PLURIEL DES NOMS PROPRES

EXEMPLES	REMARQUES
1. Il avait **deux Peugeot** dans son garage.	deux voitures de la marque Peugeot.
2. J'ai **deux Jules Verne** dans ma bibliothèque.	deux livres de Jules Verne.
3. Les Bourbons ont commencé à régner avec Henri IV.	Les noms de familles illustres ou princières prennent un *s*.
4. Les Picassos de cette salle d'exposition.	Les noms d'œuvres artistiques prennent un *s*.
5. Les Einsteins, les Curies sont rares.	Les noms de personnages éminents prennent un *s* au pluriel lorsqu'ils sont pris comme types, comme modèles (= des gens comparables à...).
6. Les **Shakespeare,** les **Tolstoï** sont de grands noms de la littérature étrangère.	Les noms propres, éminents ou non, sont invariables au pluriel lorsqu'ils ne désignent qu'une seule personne.
7. Les **Durand** ont déménagé.	Les noms des personnes elles-mêmes ne prennent pas de *s*, mais il y a tolérance dans ce cas. Toutefois cette tolérance n'est guère suivie.
8. Les **Suisses** et les **Belges** sont en général bilingues.	Les habitants d'un pays ou d'une ville prennent un *s* au pluriel (ainsi, les Parisiens, etc.). Il en va de même pour les noms géographiques (les Pyrénées) et les noms de pays (les Indes).

L'arrêté du 28 décembre 1976 admet dans tous les cas le pluriel pour les noms propres précédés de « les » : exemple : les Corneilles.

6. PLURIEL
DES MOTS ÉTRANGERS

EXEMPLES	REMARQUES
1. Il y a **deux lavabos** dans cette chambre.	De nombreux mots étrangers **d'usage courant** prennent la marque du pluriel. Exemples : des **agendas**, des **biftecks**, des **référendums**, etc...
2. Il chantait continuellement des **requiem** ou des **mise-rere**.	Certains, le plus souvent d'origine latine, restent invariables, comme **confiteor**, **credo**, **exeat**, **satisfecit**, **Te Deum**, **veto**, **extra**, **intérim**, **mea culpa**, **duplicata**.
3. Les **maximums** (ou **maxima**) de la température.	Certains admettent deux pluriels, comme minimum (minimums et minima), match (matchs et matches), sandwich (sandwichs et sandwiches), médium (médiums et média. ce dernier avec sens de « moyens de communication »).
4. Un **soprano**, des **soprani**.	Les mots **italiens** font ordinairement leur pluriel **en -i**. Toutefois, on écrit souvent des sopranos, des scénarios ou encore des confettis, des graffitis, etc...
5. Ce café avait deux **barmen** (ou **barmans**).	Les noms anglais en **man** font au pluriel **men**. Le pluriel en *s* est toutefois souvent toléré.
6. Nous avons passé plusieurs **week-ends** à la campagne.	Dans les mots composés anglais, le pluriel se marque généralement par un *s* placé à la fin du dernier mot (des cow-boys, des boy-scouts, etc...).
7. Nous sommes allés à de nombreuses **garden-par-ties**.	Les noms anglais en **-y** font au pluriel **-ies**. Mais on trouve aussi **ladys**, **dandys**, **penaltys**.

8. Il ajouta plusieurs **post-scriptum** à sa lettre.

Les mots composés **d'origine latine** restent **invariables**.

9. Ces deux élèves étaient **ex-aequo.**

Même remarque, ainsi pour « des statu quo », des « nota bene ».

Les mots étrangers francisés prennent la marque du pluriel en **s** . Et il s'en francise tous les jours.
Par ailleurs règne la plus grande diversité. Il faut donc consulter la liste des mots invariables ou un dictionnaire.

7. MOTS INVARIABLES

I. – Les mots suivants s'écrivent de la même façon au singulier ou au pluriel.

abaisse-langue m	brise-fer m ou f	casse-pieds m
abat-jour m	brise-glace m	casse-pierres m
abat-son m	brise-jet m	casse-pipes m
abat-vent m	brise-lames m	casse-tête m
abat-voix m	brise-motte m	cessez-le-feu m
accroche-plat m	brise-tout m ou f	chasse-mouches m
addenda m	brise-vent m	chasse-neige m
aide-mémoire m	brûle-gueule m	chasse-pierres m
allume-feu m	brûle-parfum m	chauffe-assiettes m
allume-gaz m	brûle-tout m	chauffe-eau m
arrière-corps m		chauffe-pieds m
attrape-mouches m	cache-col m	chauffe-plats m
à-valoir m	cache-entrée m	compte-fils m
avant-bras m	cache-flammes m	compte-gouttes m
avant-corps m	cache-misère m	compte-tours m
avant-propos m	cache-mouchoir m	coq-à-l'âne m
ave maria m	cache-nez m	coupe-cigares m
	cache-pot m	coupe-circuit m
bernard-l'ermite m	cache-poussière m	coupe-coupe m
boute-en-train m	cache-sexe m	coupe-feu m
boute-selle m	casse-cou m	coupe-file m
branle-bas m	casse-croûte m	coupe-gorge m
bric-à-brac m	casse-noisettes m	coupe-jambon m
brise-bise m	casse-noix m	coupe-légumes m

coupe-ongles m
coupe-papier m
coupe-pâte m
coupe-racines m
coupe-tête m
coupe-vent m
credo m
crescendo m
crève-cœur m
croque-madame m
croque-monsieur m
cure-ongles m

decrescendo m
deleatur m
demi-gros m
demi-jour m
demi-sang m
demi-sel m
demi-solde m
dessous-de-plat m
dessous-de-table m
dos-d'âne m
duplicata m

Ecce Homo m
emporte-pièce m
en-avant m
entre-deux m
essuie-mains m
essuie-meubles m
essuie-pieds m
essuie-verres m
ex-aequo m
exeat m
exequatur m
extra m
ex-voto m

faire-part m
faire-valoir m
fait-tout m
fil-à-fil m
fourre-tout m
fume-cigare m
fume-cigarette m

gagne-pain m
gagne-petit m
garde-boue m
garde-feu m

garde-manger m
garde-vue m
gâte-papier m
gâte-pâte m
gâte-sauce m
gobe-mouches m
goutte-à-goutte m
gratte-ciel m
gratte-dos m
gratte-papier m
gratte-pieds m
grille-pain m

hache-légumes m
hache-paille m
haut-le-cœur m
haut-le-corps m
hold-up m
hors-bord m
hors-d'œuvre m
hors-jeu m
hors-la-loi m

in-folio m

Jean-le-blanc m
je-m'en-fichisme m
je-ne-sais-quoi m

knock-out m

laisser-aller m
laisser-courre m
laissez-passer m
lance-grenades m
lance-pierres m
lance-roquettes m
lance-torpilles m
lave-mains m
lock-out m

mange-tout m
m'as-tu-vu m
meurt-de-faim m
mille m (nombre)
mille-pattes m
miserere m
monte-plats m

ninas m
noli-me-tangere m

nota bene m

offset m
orémus m
ouvre-boîtes m

pare-balles m
pare-boue m
pare-brise m
pare-chocs m
pare-clous m
pare-éclats m
pare-étincelles m
pare-feu m
pare-fumée m
pare-soleil m
pas-d'âne m
pas-de-géant m
pas-de-porte m
passe-boules m
passe-crassane m
passe-partout m
passe-passe m
passe-pied m
passe-temps m
passe-thé m
passe-velours m
perce-neige m
pèse-alcool m
pèse-lait m
pèse-moût m
pèse-sirop m
pick-up m
pied-à-terre m
pin-up f
pique-feu m
pique-notes m
pisse-froid m
pleure-misère m ou f
porte-à-faux m
porte-affiches m
porte-aigle m
porte-aiguilles m
porte-allumettes m
porte-amarre m
porte-avions m
porte-bagages m
porte-balais m
porte-bât m
porte-billets m
porte-bonheur m

porte-bouteilles m
porte-cartes m
porte-cigares m
porte-cigarettes m
porte-clefs m
porte-couteau m
porte-croix m
porte-documents m
porte-drapeau m
porte-épée m
porte-étendard m
porte-étriers m
porte-hélicoptères m
porte-jarretelles m
porte-malheur m
porte-menu m
porte-mine m
porte-monnaie m
porte-mors m
porte-outil m
porte-parapluies m
porte-parole m
porte-plume m
porte-savon m
porte-serviettes m
porte-vent m
porte-voix m
post-scriptum m
pot-au-feu m
pousse-café m
pousse-cailloux m
pousse-pied m
pousse-pousse m
presse-citron m
presse-étoupe m
presse-papiers m
presse-purée m
prie-Dieu m
prorata m
pur-sang m

quatre-de-chiffre m
quatre-épices m
quatre-feuilles m
quatre-huit m
quatre-mâts m
quatre-quarts m
quatre-saisons f
qu'en-dira-t-on m
qui-vive m

ra m
rabat-joie m
ramasse-miettes m
rase-mottes m
remue-ménage m
requiem m
réveille-matin m
rez-de-chaussée m
rince-bouche m
rince-bouteilles m
rince-doigts m
riz-pain-sel m
rogne-pieds m
rose-croix m

saint-Frusquin m
saint-Paulin m
saint-Pierre m
sang-mêlé m ou f
sans-cœur m ou f
sans-façon m
sans-gêne m
sans-le-sou m ou f
sans-souci m ou f
satisfecit m
savoir-faire m
savoir-vivre m
sèche-cheveux m
serre-fils m
serre-freins m
serre-joints m
serre-livres m
serre-nez m
serre-papiers m
serre-tête m
songe-creux m
souffre-douleur m
sous-gorge f
sous-main m
sous-verge m
sous-verre m
stabat Mater m
statu quo m

taille-racines m
tâte-vin m
Te Deum m
terre-neuvas m
terre-neuve m
tête-à-queue m
tête-à-tête m
teuf-teuf m

tic-tac m
tire-au-flanc m
tire-braise m
tire-feu m
tire-fond m
tire-laine m
tire-lait m
tom-pouce m
tord-boyaux m
tord-nez m
touche-à-tout m
tourne-à-gauche m
tout-à-l'égout m
traîne-malheur m
traîne-misère m
trente-et-quarante m
trois-mâts m
trois-ponts m
trois-quarts m
trompe-la-mort m **ou f**
trompe-l'œil m
trouble-fête m ou f
trousse-pied m
trousse-queue m
tue-chien m
tue-diable m
tue-mouches m

vade-mecum m
va-et-vient m
va-nu-pieds m
va-tout m
veto m
vide-caves m
vide-ordures m
vide-poches m
vide-pomme m
vide-vite m
vol-au-vent m
volte-face f

II. – Autres mots invariables :

- les adverbes
- les conjonctions
- les prépositions
- les interjections.

1. Liste des principaux adverbes ou locutions adverbiales (1).

Idée de DOUTE	Idée D'AFFIRMATION	Idée de LIEU où?	Idée de MANIÈRE comment?
apparemment	assurément	autour	ainsi
environ	certainement	avant	à la file
peut-être	certes	contre	alternativement
probablement	en vérité	dedans	bien
sans doute	parfaitement	dehors	comme
vraisemblable-ment	précisément	derrière	confusément
	sans doute	dessous	ensemble
	sûrement	dessus	franco
	volontiers	devant	incognito
	vraiment	en	mal
		ici	mieux
		là	poliment
		loin	tour à tour
		nulle part	vite
		partout	
		près	et de
		proche	nombreux
		quelque part	adverbes
		y	en -ment.

1. Ce sont seulement quelques-uns des principaux.

Idée de NÉGATION	Idée de QUANTITÉ	Idée de TEMPS
aucunement	assez	alors
en aucune façon	aussi	après
ne	autant	à présent
ne... pas	beaucoup	aujourd'hui
ne... plus	bien	auparavant
ne... point	combien	aussitôt
ne... rien	davantage	autrefois
nullement	encore	avant
pas du tout	environ	bientôt
	fort	d'abord
	guère	déjà
	moins	demain
	pas mal	depuis
	peu	dernièrement
	plus	désormais
	presque	enfin
	quelquefois	ensuite
	seulement	hier
	si	jadis
	souvent	jamais
	suffisamment	longtemps
	tant	maintenant
	tellement	naguère
	très	parfois
	trop	puis
	un peu	rarement
		récemment
	et de nombreux	soudain
	adverbes en -ment.	souvent
		tard
		tôt
		toujours
		tout à coup
		tout à l'heure
		tout de suite

102

2. Liste des principales conjonctions et locutions conjonctives.

SUBORDINATION

BUT	CAUSE	COMPARAISON
afin que	comme	ainsi que
de façon que	du moment que	aussi bien que
de peur que	parce que	aussi que
de sorte que	puisque	autant que
pourvu que	vu que	comme
		d'autant plus que
		de même que
		moins que

CONDITION	CONSÉQUENCE	OPPOSITION	TEMPS
à condition que	à tel point que	alors que	alors que
à moins que	au point que	au lieu que	à mesure que
au cas où	de façon que	bien que	après que
étant donné que	de manière que	loin que	au moment que
posé que	de sorte que	pendant que	aussitôt que
pour peu que	pour que	quelque... que	avant que
quand	sans que	quoique	comme
quand même	si bien que	sans que	depuis que
sauf que	tel que	sauf que	dès lors que
selon que		si	dès que
si		tandis que	en attendant que
s'il n'est que			jusqu'à ce que
sinon que			lorsque
soit que... soit			pendant que
que...			quand
supposé que			tandis que
			tant que

103

COORDINATION

A) addition

bien plus
en outre
et
et puis
mais aussi
même
ni

B) alternative

ou
soit... soit

C) conséquence

ainsi
alors
aussi
donc
en conséquence
par suite

D) explication

c'est-à-dire
par exemple

E) cause

car
en effet

F) opposition

au contraire
au moins
cependant
en revanche
mais
néanmoins
or
par contre
pourtant
toutefois

G) temps

alors
enfin
ensuite
puis

H) transition

au reste
bref
d'ailleurs
du reste
en somme

3. Liste des principales prépositions et locutions prépositives.

CAUSE ou ORIGINE	MANIÈRE ou MOYEN	ÉLOIGNEMENT ou OPPOSITION
à	à	à
avec	avec	contre
dans	contre	de
de	de	depuis
devant	en	malgré
en	par	sans
ès	selon	sauf
par	suivant	
pour	sur	à défaut de
selon		au lieu de
sous	à condition	loin de
sur	à l'aide de	
vu	au moyen de	
	grâce à	
à partir de		
au sujet de		
en vertu de		
sous prétexte de		

LIEU	BUT	TEMPS
à	à	à
avant	au	après
chez	contre	avant
contre	de	contre
dans	envers	dans
de	pour	de
derrière	sur	depuis
devant	vers	dès
en		durant
entre	afin de	en
hors	en faveur de	entre
outre	en vue de	par
par		pendant
parmi		pour
pour		sous
près		sur
sous		vers
sur		
vers		à compter de
		avant de
à côté de		en attendant de
autour de		
loin de		
près de		
proche de		

8. INITIALES ET FINALES

I) LES INITIALES

Les mots commençant

par .... **AB** s'écrivent **tous** comme ABEILLE — sauf ABBATIAL, ABBAYE, ABBÉ, ABBESSE.

par .... **AD** s'écrivent **tous** comme ADOPTION — sauf ADDENDA, ADDITION, ADDUCTION et leurs dérivés.

par .... **AG** s'écrivent **tous** comme AGRAFE — sauf AGGLOMÉRER, AGGLUTINER, AGGRAVER et leurs dérivés.

par ...... **AM** s'écrivent **tous** comme AMANITE — sauf AMMAN, AMMONIAC, AMMONITE, AMMOPHILE et leurs dérivés.

par ...... **BAL** s'écrivent **tous** comme BALAI, BALADE (promenade) — sauf BALLADE (poème), BALLAST, BALLE, BALLER, BALLERINE, BALLET, BALLON, BALLOT, BALLOTTER, BALLOTTINE, BALL-TRAP et leurs dérivés.

par ..... **BAR** s'écrivent **tous** comme BARAQUE, BAROMÈTRE, BARON — sauf BARRAGE, BARRE, BARREAU, BARREL, BARRER, BARRETTE, BARREUR, BARRICADE, BARRIÈRE, BARRIQUE, BARRIR, BARROT et leurs dérivés.

par ...... **BAT** s'écrivent **tous** comme BATAILLE — sauf BATTRE et ses composés ou dérivés, BATTOLOGIE.

par .... **BOUL** s'écrivent **tous** comme BOULANGER, BOULEVARD — sans exception.

par ...... **CAL**	s'écrivent **tous** CALENDRIER	comme	sauf CALLEUX, CALLIGRAPHE et leurs composés ou dérivés, CALLIPYGE.
par ..... **CAM**	s'écrivent **tous** CAMARADE	comme	sans exception.
par ..... **CAR**	s'écrivent **tous** CARAMEL, CAROTTE	comme	sauf CARRÉ, CARREAU, CARREFOUR, CARRELAGE, CARRELER, CARRELET, CARRÉMENT, CARRER, CARRIER, CARRIÈRE, CARRIOLE, CARROSSIER, CARROUSEL, CARROYER, CARRURE et leurs dérivés.
par ...... **CAT**	s'écrivent **tous** CATALOGUE	comme	sauf CATTLEYA.
par ...... **COT**	s'écrivent **tous** COTELETTE	comme	sauf COTTAGE et COTTE.
par ...... **DEF**	s'écrivent **tous** DÉFILÉ	comme	sans exception.
par ...... **DEL**	s'écrivent **tous** DÉLÉGUÉ	comme	sans exception.
par ..... **DER**	s'écrivent **tous** DÉRAPER	comme	sauf DERRICK et DERRIÈRE.
par ..... **DOM**	s'écrivent **tous** DOMICILE	comme	sauf DOMMAGE et ses composés ou dérivés.
par .... **EB**	s'écrivent **tous** ÉBÉNISTE	comme	sans exception.
par .... **EC**	s'écrivent **tous** ÉCORCE	comme	sauf ECCE HOMO, ECCÉITÉ, ECCHYMOSE, ECCLÉSIAL, ECCLÉSIASTIQUE.
par .... **EL**	s'écrivent **tous** ÉLÉPHANT	comme	sauf ELLE, ELLÉBORE, ELLIPSE et ses dérivés.

par	**EN**	s'écrivent **tous** avec un seul N comme ÉNERGIE, ENIVRER, ÉNORME, etc.	sauf ENNÉADE, ENNÉAGONE, ENNEIGÉ, ENNEMI, ENNOBLIR, ENNOIEMENT, ENNUAGÉ, ENNUI et leurs composés ou dérivés.
par	**EP**	s'écrivent **tous** comme ÉPINARD	sans exception.
par	**ER**	s'écrivent **tous** comme ÉRUDITION	sauf ERRATA, ERREUR, ERRONÉ, ERRER et ses dérivés.
par	**ET**	s'écrivent **tous** comme ÉTINCELLE	sans exception.
par	**IN**	s'écrivent **tous** avec un seul N comme INAPTE, INONDER, INUTILE, etc.	sauf INNAVIGABLE, INNÉ, INNERVER, INNOCENT, INNOCUITÉ, INNOMBRABLE, INNOMMABLE, INNOVER et leurs dérivés.
par	**MAL**	s'écrivent **tous** comme MALICE	sauf MALLE, MALLÉABLE, MALLÉOLE et leurs dérivés.
par	**MAN**	s'écrivent **tous** comme MANIÈRE	sauf MANNE, MANNETTE, MANNEQUIN, MANNITE et leurs dérivés.
par	**MAR**	s'écrivent **tous** comme MARINE	sauf MARRAINE, MARRI, MARRON, MARRONNIER, MARRUBE, MARRANT.
par	**OR**	s'écrivent **tous** comme OREILLE	sans exception.
par	**PAL**	s'écrivent **tous** comme PALABRER	sauf PALLIER et ses dérivés, PALLADIUM, PALLIUM.
par	**PAR**	s'écrivent **tous** comme PARALLÈLE	sauf PARRAIN et ses dérivés, PARRICIDE.
par	**PAT**	s'écrivent **tous** comme PATIENCE	sauf PATTE et ses composés ou dérivés.

par ...... **POL**	s'écrivent **tous** comme POLICHINELLE	sauf POLLEN, POLLUER et leurs dérivés.
par ...... **SOL**	s'écrivent **tous** comme SOLEIL	sauf SOLLICITATION, SOLLICITER, SOLLICITEUR, SOLLICITUDE.
par ...... **TAL**	s'écrivent **tous** comme TALENT	sauf TALLAGE, TALLE, TALLER et TALLIPOT.
par ...... **TEL**	s'écrivent **tous** comme TÉLÉPHONE	sauf TELLE, TELLEMENT, TELLIÈRE, TELLURE, TELLURIQUE, TELLURISME.
par ...... **VAL**	s'écrivent **tous** comme VALISE	sauf VALLÉE, VALLEUSE, VALLON, VALLONNÉ, VALLONNEMENT.
par ..... **ACC** (son «ac» suivi d'une voyelle)	s'écrivent **tous** comme ACCENT, ACCIDENT, ACCORD, ACCUEILLIR, etc. Noter : ACQUIESCER.	sauf ACABIT, ACACIA, ACADÉMIE (et ses dérivés), ACADIEN, ACAJOU, ACANTHE, ACARIATRE, ACATÈNE, ACAULE, ACOLYTE, ACOMPTE, ACONIT, ACOQUINER, ACOUSTIQUE, ACUITÉ, ACUPUNCTURE.
par ...... **AFF**	s'écrivent **tous** comme AFFICHE, AFFOLER	sauf AFGHAN, AFIN, AFRIQUE et leurs dérivés ou composés.
par .... **BOUR** ou **BOURR**	Deux R lorsque **BOURR** est suivi d'une voyelle, comme BOURREAU, BOURRELIER	Un seul R lorsque **BOUR** est suivi d'une consonne, comme BOURDON, BOURGEOIS.
par ... . **DIFF**	s'écrivent **tous** comme DIFFICILE	sans exception.
par . **EFF**	s'écrivent **tous** comme EFFLUVE	sauf ÉFAUFILER, ÉFENDI, ÉFOURCEAU.
par ...... **ILL**	s'écrivent **tous** comme ILLUSTRER	sauf ILE, ILIAQUE, ILIADE, ILOTE et leurs composés ou dérivés.

109

par ..... **IMM**	s'écrivent **tous** comme IMMEUBLE	sauf IMAGE, IMAN, IMITER et leurs dérivés.
par ...... **IRR** (son « ir » suivi d'une voyelle)	s'écrivent **tous** comme IRRITER	sauf IRADE, IRAKIEN, IRANIEN, IRASCIBLE, IRE, IRIDESCENT, IRIS, IRISER, IRONIE, IROQUOIS, IRIDIÉ et leurs dérivés.
par ..... **OCC** (son «oc» suivi d'une voyelle)	s'écrivent **tous** comme OCCIDENT, OCCURRENCE	sauf OCARINA, OCÉAN, OCELLE, OCELOT, OCULAIRE, OCULISTE, OCULUS et leurs dérivés éventuels.
par ...... **OFF**	s'écrivent **tous** comme OFFRIR	sauf OFLAG.
par ... **SOMM**	s'écrivent **tous** comme SOMMEIL	sauf SOMA et ses dérivés.
par ... **SOUFF**	s'écrivent **tous** comme SOUFFRANCE, SOUFFLER	sauf SOUFI, SOUFISME, SOUFRE et tous ses dérivés.
par .... **SUFF**	s'écrivent **tous** comme SUFFIRE	sans exception.
par .... **TERR**	s'écrivent **tous** comme TERREUR	sauf TÉRA, TÉRATOLOGIE, TÉRÉBELLE, TÉRÉBENTHINE, TÉRÉBRANT

II) LES FINALES

Les mots
se terminant

en .... **AIL** ou **AILLE**	s'écrivent .... **AIL** Tous les noms masculins comme GOUVERNAIL sauf BRAILLE	s'écrivent ..... **AILLE** Tous les noms féminins comme BATAILLE.
en .. **EINDRE** ou **AINDRE**	s'écrivent ... **EINDRE** Tous les verbes (18) comme PEINDRE	s'écrivent ... **AINDRE** Sauf 3 : CONTRAINDRE CRAINDRE, PLAINDRE.

110

en . AMMENT ou EMMENT	**s'écrivent .. AMMENT** Les adverbes formés à partir d'un adjectif en ...ANT Ex. : SAVANT, SAVAMMENT.	**s'écrivent .. EMMENT** Les adverbes formés à partir d'un adjectif en ...ENT. Ex. : PATIENT, PATIEMMENT.	
en ... ENDRE ou ANDRE	**s'écrivent .... ENDRE** Tous les verbes (33) comme VENDRE + 4 mots : cendre, gendre, scolopendre, tendre.	**s'écrivent .... ANDRE** sauf 2 : ÉPANDRE et RÉPANDRE. + 13 noms : calandre, coriandre, esclandre, filandre, malandre, méandre, moniandre, oléandre, palissandre, polyandre, salamandre, sandre, scaphandre.	
en .... ANIER ou ANNIER	**s'écrivent .... ANIER** Tous comme DOUANIER	**s'écrit ...... ANNIER** seul VANNIER.	
en .. ASSION ou ATION	**s'écrivent ... ASSION** Seuls : PASSION, COMPASSION	**s'écrivent .... ATION** Tous les autres, comme ÉDUCATION.	
en ......ATE ou ATTE	**s'écrivent ...... ATE** Tous comme ACROBATE, PIRATE, etc.	**s'écrivent ...... ATTE** Sauf : BARATTE, BATTE, BLATTE, CHATTE, DATTE, GRATTE-CIEL, JATTE, LATTE, NATTE, PATTE.	
en ..... ÂTRE ou ATRE	**s'écrivent ...... ÂTRE** Tous ont un accent circonflexe comme PLÂTRE	**s'écrivent ...... ATRE** Sauf : HIPPIATRE, PÉDIATRE, PHONIATRE, PSYCHIATRE, RONATRE, VÉRATRE.	
en ......AUX ou EAUX	**s'écrivent ...... AUX** Les noms et adjectifs dont le singulier est en ...AL ou ...AIL (1). Ex. : CHEVAL, CHEVAUX, VITRAIL, VITRAUX	**s'écrivent .... EAUX** Les noms et adjectifs dont le singulier est en ...EAU. Ex. : CANIVEAU, CANIVEAUX.	
en .... EIL ou EILLE	**s'écrivent .... EIL** Les noms ou adjectifs masculins comme CONSEIL, ORTEIL et PAREIL	**s'écrivent .... EILLE** Les noms ou adjectifs féminins comme BOUTEILLE, OREILLE et VIEILLE.	

1. Il existe des exceptions (bal, par exemple).

en ...... **ÈLE** ou **ELLE**	s'écrivent ...... **ÈLE** ATÈLE, CAUTÈLE, CLIEN-TÈLE, FIDÈLE, ISOCÈLE, MODÈLE, PARALLÈLE, STÈLE, ZÈLE	s'écrivent ...... **ELLE** Tous les noms féminins comme DENTELLE. Quatre noms masculins, POLICHINELLE, RE-BELLE, VERMICELLE et VIOLONCELLE.
en ... **ESSION** ou **ÉTION**	s'écrivent ... **ESSION** Tous comme POSSES-SION	s'écrivent ...... **ÉTION** Sauf : CONCRÉTION, DISCRÉTION, EXCRÉ-TION, REPLÉTION, SÉ-CRÉTION, SUJÉTION.
en ...... **EUIL** ou **EUILLE**	s'écrivent ...... **EUIL** BOUVREUIL, CERFEUIL, CHEVREUIL, DEUIL, ÉCUREUIL, FAUTEUIL, SEUIL, TREUIL (¹).	s'écrivent .... **EUILLE** FEUILLE et ses compo-sés, CHÈVREFEUILLE, POISEUILLE et PORTE-FEUILLE.
en ... **ISSION** ou **ITION**	s'écrivent .... **ISSION** FISSION, SCISSION, et les mots de la famille de MISSION : ADMISSION, COMMISSION, DÉMIS-SION, ÉMISSION, PER-MISSION, RÉMISSION, SOUMISSION, TRANS-MISSION, etc.	s'écrivent ...... **ITION** Tous les autres comme ADDITION.
en ...... **OIRE** ou **OIR**	s'écrivent ...... **OIRE** Les noms féminins. Ex. : ÉCHAPPATOIRE, FOIRE, MACHOIRE, MÉ-MOIRE	s'écrivent ...... **OIR** Les noms masculins sauf : ACCESSOIRE, AIDE-MÉMOIRE, AUDI-TOIRE, CIBOIRE, CON-SERVATOIRE, CON-SISTOIRE, DÉAMBU-LATOIRE, DÉBOIRE, DIRECTOIRE, GRIMOI-RE, INTERROGATOIRE, IVOIRE, LABORATOIRE, MORATOIRE, OBSER-VATOIRE, OFFERTOIRE, ORATOIRE, POURBOI-RE, PRÉTOIRE, PRO-MONTOIRE, PURGA-TOIRE, RÉFECTOIRE, RÉPERTOIRE, RÉQUI-SITOIRE, SUPPOSI-TOIRE, TERRITOIRE.

1. Notez l'écriture de : ACCUEIL, CERCUEIL, ÉCUEIL, RECUEIL et de ORGUEIL.

en .. **ONNAGE** ou **ONAGE**	s'écrivent .. **ONNAGE** Tous comme PERSON- NAGE	s'écrivent .... **ONAGE** Sauf : COLONAGE, LI- MONAGE, PATRONAGE, PATTINSONAGE, RA- MONAGE.
en .. **ONNIER** ou **ONIER** ou **ÔNIER**	s'écrivent ... **ONNIER** Tous comme CANTON- NIER	s'écrivent .... **ONIER** ou **ÔNIER** Sauf : AUMÔNIER, BRU- GNONIER, CAPRONIER, GONFALONIER, LIMO- NIER, NAUTONIER, PÉ- RONIER, THONIER, TI- MONIER.
en ...... **OPE** ou **OPPE**	s'écrivent .... **OPE** Tous comme ESCALOPE	s'écrivent .... **OPPE** Sauf : ÉCHOPPE, ENVE- LOPPE.
en .... **OTION**	s'écrivent .... **OTION** Tous comme POTION	sans exception.
en .... **OUIL** ou **OUILLE**	s'écrit .... **OUIL** Seul FENOUIL	s'écrivent .... **OUILLE** Tous les autres comme GRENOUILLE, ROUILLE.
en ...... **ULE** ou **ULLE** ou **UL**	s'écrivent .... **ULE** Tous comme PENDULE	s'écrivent .... **ULLE** Sauf : BULLE et TULLE. s'écrivent .... **UL** CALCUL, CONSUL, CUMUL, NUL, RECUL.
en ...... **ÛTE** ou **UTE** ou **UTTE**	s'écrivent .... **ÛTE** ou **UTE** Tous comme FLÛTE, MINUTE	s'écrivent .... **UTTE** Sauf : BUTTE, GOMME- GUTTE, HUTTE, LUTTE, TURLUTTE.
en .... **UTION** ou **USSION**	s'écrivent ... **USSION** CONCUSSION, DISCUS- SION, JUSSION, PER- CUSSION, RÉPERCUS- SION, SUCCUSSION	s'écrivent .... **UTION** Tous les autres comme RÉVOLUTION.

9. LES SIGNES DE PONCTUATION

A quoi servent-ils? Où faut-il les mettre?

« On reconnaît tout de suite un homme de jugement à l'usage qu'il fait du point et virgule ».
Montherlant, *Carnets.*

EXEMPLES	REMARQUES
1. Le parasol, le haveneau, les ballons de plage, les valises étaient entassés dans le coffre de la voiture.	La *virgule* sépare l'un de l'autre les divers sujets du verbe « étaient entassés ». En général, elle sépare des mots de même nature ou de même fonction. Elle est une **légère coupure dans la phrase,** un court repos.
2. Du haut de la tour, la vue était magnifique.	La **virgule** se met après un complément circonstanciel situé au début d'une phrase. En général, elle sépare les éléments de la phrase que l'on veut mettre en relief.
3. En avril n'ôte pas un fil, en mai fais comme il te plaît.	La **virgule** sépare deux propositions juxtaposées, ou coordonnées si elles sont longues.
4. Lorsque le soleil sera couché, je rentrerai à la maison.	Elle se met après une proposition circonstancielle qui commence une phrase.
5. Nos amis, dit-il, sont partis. Presque tout le monde, en ce moment, est en vacances.	Une proposition incise, « dit-il », se met ordinairement entre deux virgules. « En ce moment » est un complément qu'on veut souligner.

6. a) Les platanes, qui étaient une gêne pour la circulation, furent abattus.

b) Les platanes qui étaient une gêne pour la circulation furent abattus.

La **présence ou non de virgules** peut changer complètement le sens de la phrase. La phrase 6 a signifie : « tous les platanes furent abattus ».

La phrase 6 b signifie : « seuls les platanes qui étaient une gêne furent abattus; les autres furent conservés ».

7. Quand un diplomate dit « oui », cela signifie « peut-être »; quand il dit « peut-être », cela veut dire « non »; et quand il dit « non », ce n'est pas un diplomate (Proverbe).

Le **point-virgule** marque une pause plus importante que la virgule. Il sépare des membres de phrase ou des phrases au sens complet, mais qui font partie d'un tout.

Les **guillemets** encadrent une citation ou un mot que l'on veut mettre en valeur.

Les **guillemets** sont encore employés pour les titres de journaux ou de livres : le journal « Le Monde ».

8. « Est-ce que je me fais bien comprendre? » est la forme polie de : « Êtes-vous idiot? » « Nous perdons notre temps », la forme polie de : « Vous me faites perdre mon temps. »
(Montherlant, *Carnets.*)

Les **deux points** annoncent une explication, une énumération ou une citation.

Le **point d'interrogation** se met après les phrases qui posent une question.

9. Ah! quel conducteur!... Holà! vous là-bas! obtempérez!

Le **point d'exclamation** se met après les expressions exclamatives, les appels, les ordres. Les **points de suspension** indiquent une longue pause. Ils peuvent aussi indiquer une phrase inachevée, soit parce que l'on ne veut pas tout exprimer, soit parce que l'on veut donner à la phrase un sens particulier : émotion, menace, mépris, etc.

10. A priori il a raison. Toutefois je réexaminerai le problème demain. Je prendrai alors une décision.

Le **point** marque un arrêt, une pause importante. Il marque la fin d'une phrase, un stop. (Remarquez l'écriture de **a priori** qui ne prend pas d'accent sur *a*.)

11. P.T.T. – S.N.C.F. – O.N.U. – U.S.A. – U.R.S.S. – C.N.R.S. – T.I.R. – S.E.I.T.A.

Le **point** se met après chaque mot abrégé dans les sigles.

12. Il faut couper le mal à sa racine (c'est-à-dire il faut soigner une maladie dès le début).

Les **parenthèses** encadrent une explication.

13. Il roulait à 130 (voulait-il me faire peur?); il accéléra encore; alors, je lui ordonnai d'arrêter.

Les **parenthèses** peuvent isoler une réflexion, une indication.

14. Jacques qui est sourd rencontre Paul qui est également sourd:
– Paul, tu vas à la pêche?
– Non, je vais à la pêche!
– Ah! tu vas à la chasse!
– Oui, j'ai pris mes hameçons, etc.

Le **tiret** indique un changement d'interlocuteur dans un dialogue. Il peut marquer une légère pause dans une phrase. Placés avant et après un membre de phrase, les tirets correspondent à des parenthèses.

10. FAUT-IL METTRE UN ACCENT ET LEQUEL?

L'usage de l'accent est capricieux : il ne dépend pas toujours de la prononciation mais il permet parfois de distinguer deux mots entre eux.

A bref	*pas d'accent* *accent grave*	comme dans « bague », sauf accent grave : – pour distinguer les homonymes = a (avoir), à (préposition); la (article), là (adverbe); ça (cela), çà (adverbe); – et dans : déjà, en deçà, au-delà, voilà, holà.
A long	*accent circonflexe*	comme dans bâiller, bâtir, château, théâtre, plâtre, rougeâtre (et tous les adjectifs en âtre), etc. Noter : tâche et tache, hâler, exhaler ●
E muet	*pas d'accent*	comme dans il aime, la peine, une table, etc.
E fermé	*accent aigu*	comme dans péché, santé, bonté, phlébite, etc.
E ouvert	*accent grave*	comme dans avènement, cèdre, emblème, grève, hyène, poème, etc.
E long et ouvert	*accent circonflexe*	comme dans pêche, chêne, fenêtre, rêve, etc., et dans les verbes en -êler, -êter ●

117

E précédant deux consonnes ou une consonne double	*pas d'accent*	comme dans aversion, phlegmon, session, section, etc.
E précédant un X	*pas d'accent*	comme dans annexion, connexion, génuflexion, etc.
E ne terminant pas une syllabe	*pas d'accent*	comme dans aimer, crier, errer, etc., sauf : – accent grave dans les mots en ès, tels que procès, insuccès, progrès, dès, près, très; – accent circonflexe dans quelques mots en êt tels que arrêt, forêt, intérêt, prêt, etc.
I bref	*pas d'accent*	comme dans croquis, intime, parasite, souris, etc.
I long	*accent circonflexe*	comme dans épître, gîte, huître, île, etc., il plaît, il déplaît, il complaît (et tous les verbes en aître, oître) ●
O bref	*pas d'accent*	comme dans code, méthode, gosse, féroce, etc.
O long	*accent circonflexe*	comme dans les nôtres, les vôtres, arôme, entrepôt, geôle, icône, impôt, symptôme, tantôt, etc.
U bref	*pas d'accent*	comme dans mur, puma, dur, ruche, levure, etc.
U long	*accent circonflexe*	comme dans mûre (pêche), bûche, piqûre, sûr, flûte, etc., et dans les participes passés des verbes devoir, croître, mouvoir : dû, crû, mû ● (A noter *où* pronom relatif et adverbe avec accent grave pour le distinguer de *ou* conjonction).

● Pour l'emploi de l'accent circonflexe dans les verbes (passé simple, imparfait du subjonctif, conditionnel passé 2e forme, participe passé), consulter *Bescherelle, l'Art de conjuguer.*

118

Tréma	ï	se met sur e et i, quelquefois sur u. Il indique que la voyelle qui précède se détache dans la prononciation :

aïeul, archaïque, canoë, coïncidence, égoïsme, faïence, glaïeul, haïr, héroïsme, mosaïque, naïade, naïf, ovoïde, rhodoïd, stoïque, thyroïde.

Notez : 1. que aigu, ambigu, contigu, exigu font au féminin : aiguë, ambiguë, contiguë, exiguë.

2. La différence de prononciation entre ciguë et digue, figue, ligue.

Cédille	ç	indique que le c devant a, o, u se prononce « s » :

- agaçant, menaçant, remplaçant ;
- façon, garçon, glaçon, hameçon, leçon, maçon, poinçon, rançon, soupçon, tronçon ;
- aperçu, déçu, reçu.

NOTEZ QUE L'ON ÉCRIT :

un abîme
l'aîné
une arête
un châtiment
un coefficient
coûteux
il croit (de croire)
il croît (de croître)
la dîme
il dîne
un diplôme
dûment
un événement
une geôle
une goélette

la moelle
une pêche (fruit)
la pêche (au poisson)
un péché (faute)
le pêcher (arbre)
pécher (commettre une faute)
pêcher (du poisson)
une piqûre
une tempête
c'est très beau
une zone

une boîte mais boiter, il boite

119

un château mais un chalet
un côté, une côte mais un coteau
extrême mais extrémité
jeûner mais déjeuner, à jeun

une poésie mais un poète
un pôle mais polaire
un règlement mais réglementer
un règne mais régner

5. LES FAUTES A ÉVITER

1. LES PLÉONASMES

Le pléonasme est une répétition.

Voici quelques pléonasmes qu'il faut absolument éviter : cherchez pourquoi? (Le mot en trop est en italique.)

1. Il achève *complètement*.
2. Au *grand* maximum.
3. Il ajouta *en plus*.
4. *Au jour* d'aujourd'hui.
5. C'est *assez* satisfaisant.
6. Il avance *en avant*.
7. Il progressait *en avant*.
8. Il recula *en arrière*.
9. *Car* en effet.
10. Collaborer *ensemble*.
11. Comparer *ensemble*.
12. Dépêchez-vous *vite*.
13. Il descend *en bas*.
14. Il entre *dedans*.
15. Il sortait *dehors*.
16. Ils s'entraident *mutuellement*.
17. C'est une *jeune* fillette.
18. Par un hasard *imprévu*.
19. Il avait un monopole *exclusif*.
20. Il montait *en haut*.
21. C'est une panacée *universelle* (panacée remède universel).
22. Il faut prévoir *d'avance*.
23. Cette affaire passe en *première* priorité.
24. Il était placé entre *deux* alternatives (alternative choix à faire entre deux choses).
25. Il préférait *plutôt*.
26. Il est premier *en tête* de la classe.
27. C'est une *première* initiative.
28. *Puis* ensuite; et *puis* après.
29. Il répétait *de nouveau*.
30. Il en redemande *encore*.
31. Ils se réunirent *ensemble*.
32. C'est le *seul* représentant exclusif.
33. Il suffit *simplement*.
34. Il suivait *derrière*.
35. La pierre tomba *d'en haut*.
36. Il est unique *et seul* en son genre.
37. Il est si *tellement* beau.
38. Dépenses *somptuaires* (somptuaire = relatif à la dépense).
39. Pour terminer *enfin*.
40. On gèle *de froid*.
41. Entendre *de ses oreilles*.
42. Voir *de ses yeux*.
43. Trois heures *de temps*.
44. Construire une maison *neuve*.
45. Préparer *d'avance*.
46. Prévoir *avant*.
47. Réciproque *de part et d'autre*.
48. Tous à *l'unanimité* (ou *unanimement*).
49. Marcher *à pied*.
50. La topographie *des lieux* (topographie description d'un lieu).
51. Voire *même* (voire = « vraiment » au sens ancien, « même » au sens moderne).

REMARQUE. On peut dire : 13. Il descend en bas de l'escalier. - 20. Il montait en haut du toit. - 34. Il suivait loin derrière le défilé. Quand « bas, haut, derrière », etc., sont suivis d'un complément, il n'y a plus pléonasme.

2. LES SENS ABUSIFS

IL NE FAUT PAS CONFONDRE

- ablation : extraction, coupe
- acceptation : le fait d'accepter
- accident : événement souvent malheureux
- achalandé : qui a beaucoup de clients
- acquit : preuve écrite d'un paiement (notez que l'on écrit : par acquit de conscience)
- adhésion : approbation

- adjurer : supplier
- aéro (plane) = préfixe indiquant l'idée d'*air*.
- affilé : aiguisé
- affleurer : apparaître, être au niveau de
- ajustage : action d'adapter

- aléa : hasard
- alternative : choix entre deux possibilités
- amande : fruit
- amnistie : annulation de peine

- ancre : pour retenir un bateau
- anoblir : donner un titre

- apogée : sommet
- appât : piège
- apporter : porter à

- apurer : arrêter un compte
- asepsie : lutte contre l'entrée des microbes
- assurer : affirmer avec force

- ataxie : difficulté de marche
- attention : vigilance

- oblation : offrande
- acception : le sens d'un mot
- incident : événement sans importance
- approvisionné : qui a des marchandises
- acquis : savoir, expérience

- adhérence : liaison entre deux choses
- abjurer : renier
- aréopage = tribunal criminel d'Athènes qui siégeait sur la colline d'Arès
- effilé : défait fil à fil
- effleurer : toucher légèrement

- ajustement : action de rendre juste
- aria : embarras; mélodie
- alternance : succession répétée de plusieurs choses
- amende : sanction
- armistice : suspension d'hostilités

- encre : pour écrire
- ennoblir : rendre plus moral, plus noble
- hypogée : monument funéraire
- appas : agréments extérieurs désirables
- amener : au sens propre = faire venir à soi, ou avec soi; au sens figuré = introduire, occasionner

- épurer : rendre pur
- antisepsie : destruction des microbes
- promettre : prendre un engagement
- ataraxie : tranquillité d'âme
- intention : volonté

IL NE FAUT PAS CONFONDRE

- avatar : transformation, métamorphose
- mésaventure : ennui, accident

- avènement : venue
- événement : fait important, chose quelconque qui arrive

- avérer : reconnaître comme vrai
- révéler : faire apparaître

- cahot : secousse, saut sur une mauvaise chaussée
- chaos : grand désordre

- capable de : *sens actif*, apte à
- susceptible de : *sens passif*, qui peut recevoir

- censé : supposé
- sensé : qui a du bon sens

- une réussite *certaine* = assurée
- une *certaine* réussite = incomplète, partielle

- cession : action de donner
- session : temps de réunion d'une assemblée

- champ : pré
- chant : son de la voix

- chemineau : vagabond
- cheminot : employé de la S.N.C.F.

- coasser : pour la grenouille
- croasser : pour le corbeau

- cœur : principal organe de la circulation du sang
- chœur : ensemble de voix

- collision : rencontre de deux corps
- collusion : entente secrète

- colorer : donner de la couleur
- colorier : mettre des couleurs sur un dessin

- compréhensible : clair, intelligent
- compréhensif : bienveillant

- concert (de) : d'un commun accord
- conserve (de) : ensemble, de compagnie

- conjecture : supposition
- conjoncture : concours de circonstances

- conséquent : logique, raisonnable
- important : considérable

- consommer : achever; manger
- consumer : détruire par le feu

- continuation : action de poursuivre
- continuité : liaison sans faille entre les parties d'un tout

- cour : d'école, de justice ou de Versailles
- cours : d'un fleuve, de la bourse ou de la vie, d'histoire, etc.

- davantage : « adv. », plus
- ... d'avantage : « nom », gain

- décade : dix jours
- décennie : dix ans

- déceler : trouver, découvrir
- desseller : enlever la selle

- démystifier : détromper quelqu'un qui a été mystifié, c'est-à-dire auquel on a fait croire des choses fausses. Ex : il croit à l'existence des Martiens, nous avons du mal à le démystifier.
- démythifier : enlever la valeur de mythe à une idée, à une chose, à un homme, c'est-à-dire, lui faire perdre son caractère de merveilleux, de fabuleux (Ex. : démythifier le personnage de Tarzan).

IL NE FAUT PAS CONFONDRE

- désaffectation : action de désaffecter
- désaffection : perte de l'affection
- dessein : intention
- dessin : peinture
- détoner : produire une explosion
- détonner : chanter faux, sortir du ton
- différend : « nom », discussion
- différent : « adj. », autre
- dilatoire : qui procure un délai
- dilatatoire : qui dilate
- dilemme : choix entre deux possibilités qui ont une *même* conclusion
- alternative : choix entre deux possibilités qui ont des conclusions *différentes*
- écho : répétition d'un son
- écot : quote-part
- effraction : entrée par force
- infraction : violation d'une loi ou d'un règlement
- effusion : épanchement
- affusion : aspersion
- éhonté : cynique
- effronté : hardi, impudent
- éluder : esquiver
- élucider : rendre clair
- émerger : sortir de l'eau
- immerger : s'enfoncer dans l'eau
- émigration : sortie d'un pays
- immigration : entrée dans un pays
- éminent : au-dessus du commun
- imminent : qui va arriver bientôt
- emménagement : introduction des meubles dans un nouveau logement
- aménagement : action de disposer avec ordre ou action de transformer
- enduire : couvrir d'un enduit
- induire : amener à, pousser à
- épigraphe : citation
- épitaphe : inscription sur un tombeau
- errements : manière de faire (souvent blâmable)
- erreur : faute
- éruption : sortie violente
- irruption : entrée brusque
- éventaire : étalage extérieur
- inventaire : compte des marchandises
- évoquer : rappeler à la mémoire, décrire
- invoquer : avoir recours à
- exaucer : satisfaire
- exhausser : mettre plus haut
- excessivement : trop, à l'excès
- extrêmement : très, à la perfection
- exprès : volontairement ou remis immédiatement au destinataire (lettre exprès)
- express : qui va rapidement à destination
- il faut me faire : ordre donné à un autre de faire
- il me faut faire : c'est à moi de faire
- ne faire que : ne pas arrêter de...
- ne faire que de : venir de...
- ne pas faire long feu : ne pas durer longtemps
- faire long feu : ne pas réussir, durer longtemps, rater

IL NE FAUT PAS CONFONDRE

- fond : la partie la plus basse
- for intérieur : conscience
- un galant homme : un homme bien élevé
- gourmand : qui mange beaucoup
- gradation : progression
- habileté : adresse
- hâler : bronzer
- hiverner : passer l'hiver en pays chaud
- inclinaison : caractère de ce qui est penché
- inconstant : versatile
- industrieux : très habile
- infecter : salir, contaminer
- ingambe : habile, alerte
- injection : introduction d'un liquide dans un corps ou dans une machine
- insertion : inscription dans un journal
- intégralité : qualité de ce qui est complet
- lac : étendue d'eau
- luxation : déboîtement
- mandant : celui qui donne pouvoir de...
- mari : époux
- martyr : personne qui souffre ou a souffert
- médire : dire du mal qui est vrai
- notable : important (adj.) ou « personnalité » (nom)
- observance : règle religieuse
- obstruer : mettre un obstacle
- occurrence : occasion
- officiel : qui vient du gouvernement
- oisif : qui momentanément ne fait rien
- ombrageux : susceptible

- fonds : réserve de biens
- fort : forteresse
- un homme galant : un homme qui a des sentiments tendres
- gourmet : qui apprécie les plats
- graduation : division en degrés
- habilité : droit de faire
- haler : tirer
- hiberner : être en sommeil pendant l'hiver
- inclination : acquiescement, affection
- inconsistant : sans fermeté, sans suite
- industriel : directeur d'entreprise
- infester : envahir ou ravager
- infirme : impotent
- injonction : ordre formel
- assertion : affirmation
- intégrité : sans altération, probité
- lacs : piège, « tomber dans le lacs »
- luxure : péché de la chair
- mandataire : celui qui a reçu pouvoir
- marri : attristé
- martyre : supplice
- calomnier : accuser à tort
- notoire : manifeste, évident
- observation : respect du règlement, surveillance, remarque
- obturer : boucher
- concurrence : rivalité
- officieux : privé, à titre non officiel
- paresseux : qui a la volonté de ne rien faire
- ombreux : qui donne de l'ombre

IL NE FAUT PAS CONFONDRE

- opprimer : tyranniser
- oppresser : empêcher de respirer
- pacifique : qui aime la paix
- pacifiste : partisan de la paix à tout prix entre les nations
- panser : soigner
- penser : songer, avoir une idée
- partie : élément d'un tout
- parti : choix, formation politique
- passante (rue) : fréquentée
- passagère (rue) : mot à éviter dans ce sens
- pécher : faire une faute
- pêcher : attraper du poisson
- pécuniaire : relatif à l'argent
- pécunier : (mot qui n'existe pas)
- percepteur : agent du fisc
- précepteur : éducateur
- perpétrer : commettre un crime
- perpétuer : continuer longtemps
- personnaliser : rendre personnel
- personnifier : représenter une chose sous les traits d'une personne
- pétrolier : relatif au pétrole
- pétrolifère : qui contient, fournit du pétrole
- phare : lumière pour guider navires ou avions
- fard : maquillage
- philtre : boisson magique
- filtre : appareil pour passer un liquide
- picoter : faire des piqûres
- picorer : grappiller
- plainte : réclamation
- plinthe : planche au bas du mur
- pomponner : garnir de pompons
- pouponner : bercer un bébé
- populaire : venant du peuple
- populeux : qui a de nombreux habitants
- pose : mise en place
- pause : repos
- postiche : faux
- potiche : vase ou personne niaise
- prééminence : prépondérance
- proéminence : monticule, bosse
- prescription : ordre
- proscription : éloignement, condamnation
- prétexter : donner une raison apparente
- protester : élever la voix contre quelqu'un ou quelque chose
- primauté : le tout premier rang
- priorité : droit d'être le premier
- primordial : original
- essentiel : très important
- prolongation : temps accordé en plus
- prolongement : ce qui prolonge une chose
- rabaisser : diminuer
- rebaisser : descendre de nouveau
- raffinage : action de purifier le sucre, le pétrole, etc.
- raffinement : subtilité, délicatesse
- raisonner : porter un jugement, discourir
- résonner : être sonore, retentir
- rapport : récit, exposé
- report : action de reporter
- rassembler : mettre ensemble, réunir
- ressembler : avoir quelque chose de commun avec

IL NE FAUT PAS CONFONDRE

- ravisement : changement d'avis (mot vieilli)
- ravissement : rapt ou enthousiasme, extase
- récoler : vérifier
- recoller : coller de nouveau
- recouvrer : retrouver
- recouvrir : couvrir de nouveau
- repaire : lieu de retraite
- repère : marque pour reconnaître
- respectable : digne de respect
- respectueux : marquant le respect
- rétractation : retrait de ce qu'on a dit
- rétraction : action de raccourcir
- révolution : changement brusque
- évolution : changement progressif
- risque : hasard
- rixe : bataille à coups de poing
- rôder : errer
- roder (une voiture)
- rosir : devenir rose
- roser : colorier en rose
- satire : critique, pamphlet
- satyre : compagnon de Bacchus, débauché et cynique
- septique : qui peut infecter
- sceptique : qui doute
- simuler : faire semblant
- stimuler : exciter, aiguillonner
- statu (quo) : état identique à l'ancien
- statut : règlement
- stupéfait : surpris (adjectif). « Il demeura tout stupéfait » (Acad.)
- stupéfié : mis dans un état de stupeur (participe passé). « Cette nouvelle l'a stupéfié » (Acad.)
- suggestion : avis
- sujétion : asservissement
- de suite : à la suite l'un de l'autre, et à la file
- tout de suite : immédiatement, sans délai
- sûreté : assurance, moyen de précaution
- sécurité : garantie, absence d'accident
- suscription : adresse sur l'enveloppe d'une lettre
- souscription : signature, engagement d'acheter
- temporaire : momentané
- temporel : qui a lieu dans le temps
- tribu : groupe de familles
- tribut : impôt
- usagé : qui n'est pas nouveau
- usé : abîmé et rendu inutilisable par l'usage
- valable : admissible, acceptable
- intéressant : de valeur, de poids, de qualité
- vénéneux : dangereux, en parlant des plantes
- venimeux : qui a du poison en parlant des animaux
- vigie : matelot en faction
- vigile : garde de nuit
- voie : route, chemin
- voix : parole, ensemble de sons
- xénophilie : amitié pour les étrangers
- xénophobie : haine pour les étrangers.

3. LES EXPRESSIONS ERRONÉES
et
LES CONSTRUCTIONS ABUSIVES

ON NE DIT PAS :	ON DIT :
– **agoniser** d'injures	– **agonir** d'injures
– c'est un vin qui **aime à être servi** chambré	– c'est un vin **qu'il faut servir** chambré
– ma tante est très **argentée**	– ma tante est très **riche**
– elle est **autant pauvre** que moi	– elle est **aussi pauvre** que moi
– jusqu'**aujourd'hui**	– jusqu'**à aujourd'hui**
– c'est à vous **à qui** je m'adresse	– c'est à vous **que** je m'adresse
– **au plan** littéraire, politique, etc.	– **sur le plan** littéraire, politique, etc.
– je demande **après lui**	– je **le** demande
– je suis fâché **après lui**	– je suis fâché **contre lui**
– il cherche **après son chien**	– il cherche **son chien**
– la clef est **après** la porte	– la clef est **à** la porte (ou **sur**)
– il avait cinq **à** six enfants	– il avait cinq **ou** six enfants
– mon frère, lui **aussi**, n'est pas marié	– mon frère, lui **non plus,** n'est pas marié
– cela **s'avère faux**	– cela se révèle faux (un fait *avéré* est un fait reconnu *vrai*)
– **bailler** aux corneilles	– **bayer** aux corneilles
– mettre **au banc** de la société	– mettre **au ban** de la société
– j'ai **beaucoup de choses à réfléchir**	– j'ai **à réfléchir à beaucoup** de choses
– **il est en but** à des difficultés	– il est **en butte** à des difficultés
– elle a **causé** à ma sœur	– elle a **causé avec** ma sœur
– **ce** qu'il a grandi !	– **comme** il a grandi !
– il a une voix de **centaure**	– il a une voix de **stentor**
– pour **clôturer** la réunion	– pour **clore** la réunion
– mou comme une **chique**	– mou comme une **chiffe**
– indiquez-moi **combien** vous gagnez	– indiquez-moi **ce que** vous gagnez

Il s'agit d'expressions de différentes natures, classées ici uniquement par ordre alphabétique. Il est possible que l'usage en consacre dans l'avenir un certain nombre. Mais il est préférable pour l'instant de les éviter, même si vous les entendez autour de vous.

ON NE DIT PAS :	ON DIT :
– **commémorer** un anniversaire, un souvenir	– **célébrer** un anniversaire (commémorer une victoire)
– je l'ai **contacté** pour cette affaire	– je me suis **suis mis en rapport avec lui** pour cette affaire
– je **n'y connais rien** à cette affaire	– je **ne connais rien** à cette affaire
– c'est une copie **conforme avec** l'original	– c'est un copie **conforme à** l'original
– faire la mouche du **coq**	– faire la mouche du **coche**
– ce fromage est **davantage bon**	– ce fromage est **meilleur**
– il **nous déblatère**	– il **déblatère contre nous**
– il a **débuté la réunion** par un exposé	– il a **ouvert la réunion** par un exposé
– **en définitif,** il arriva à bon port	– **en définitive,** il arriva à bon port
– il nous écrira **depuis** Rome	– il nous écrira **de** Rome
– elle travaille **de trop**	– elle travaille **trop**
– **donnez-moi le**	– **donnez-le-moi**
– il est **émotionnant**	– il est **émouvant**
– **en face le** jardin	– **en face du** jardin
– **en dépit** que vous soyez	– **bien que** vous soyez
– je **me suis en allé**	– je **m'en suis allé**
– les pigeons picoraient à **l'envie**	– à **l'envi** (à qui mieux mieux)
– tu es **un espèce** de paresseux	– tu es **une espèce** de paresseux
– cette chose est **plus essentielle**	– cette chose est **essentielle** (ou plus urgente)
– cela **fallait** mieux	– cela **valait** mieux
– c'est **ce qui faut**	– c'est **ce qu'il faut**
– ma tante avait une **fausse perruque**	– ma tante avait **une perruque**
– c'est **de la faute** de l'autre conducteur	– c'est **la faute** de l'autre conducteur
– elle m'a donné **un faux prétexte**	– elle m'a donné **un prétexte**
– il me **fixait** dans les yeux	– il me **regardait** dans les yeux
– il nous a accueillis **à la bonne flanquette**	– il nous a accueillis **à la bonne franquette**
– noir **comme un geai**	– noir **de jais**
– **grâce à** cette erreur	– **à cause de** cette erreur
– je vous **serais gré** de m'avertir	– je vous **saurais gré** de m'avertir
– c'est un **huluberlu**	– c'est un **hurluberlu**
– nous resterons jusqu'à mardi **inclus**	– nous resterons jusqu'à mardi **inclusivement** (y compris)
– cela **m'indiffère**	– cela **m'est indifférent**
– elle nous a fait un **infractus**	– elle a eu un **infarctus**
– elle **lave ses pieds**	– elle **se lave les pieds**

ON NE DIT PAS :	ON DIT :
– elle n'a pas été **longue à faire** le travail	– elle n'a pas mis **longtemps à faire** le travail
– **malgré que** vous soyez	– **bien que** vous soyez
– vers **les midi**	– vers **midi**
– **moyennant que**...	– **à condition que**...
– **pour ne pas** que tu arrives en retard	– **pour que** tu **n'arrives pas** en retard
– à la fin du discours, **il nous a observé que**...	– à la fin du discours, **il nous a fait observer que**...
– quand **nous** partons en voiture, **on** prend le chat	– quand **nous** partons en voiture, **nous** prenons le chat
– **pallier à** un défaut	– **pallier un** défaut
– **pareil que** moi, **pareil que le mien**	– **pareil à** moi, **pareil au mien**
– il va de mal en **pire**	– il va de mal en **pis**
– un prêté pour un rendu	– un rendu pour un prêté
– c'est un renseignement difficile **à se procurer**	– c'est un renseignement difficile **à trouver**
– je préfère attendre **que risquer**	– je préfère attendre **plutôt que risquer**
– les vacances **à qui** je pense	– les vacances **auxquelles** je pense
– il **me rabat** les oreilles	– il **me rebat** les oreilles
– je **m'en rappelle**	– je **me le rappelle** ou je m'en souviens
– il **a recouvert** la parole	– il **a recouvré** la parole
– est-ce que vous **me remettez?**	– est-ce que vous **me reconnaissez?**
– le problème **ressort** de sa compétence	– ce problème **ressortit à** sa compétence
– où **reste-t-il?**	– où **habite-t-il?**
– il risque **de réussir**	– il risque **d'échouer**
– on **risque de trouver une station d'essence**	– on a **des chances de trouver une station d'essence**
– sans dessus dessous	– sens dessus dessous
– vous n'êtes pas **sans ignorer**	– vous n'êtes pas **sans savoir**
– **suite** à votre demande du 9 courant	– **comme suite à** votre demande du 9 courant
– j'ai lu **sur le** journal	– j'ai lu **dans le** journal
– **surtout qu'**il y comptait	– **d'autant plus qu'**il y comptait
– **tant qu'à moi,** je...	– **quant à moi,** je...
– demandez-moi **tout ce que** vous avez besoin	– demandez-moi **tout ce dont** vous avez besoin
– je **m'en vais** vous dire	– je **vais** vous dire
– **j'oppose mon veto à** ton mariage	– **je mets mon veto à** ton mariage
– il a été sévère **vis-à-vis de lui**	– il a été sévère **envers lui**
– **vis-à-vis** la maison	– **vis-à-vis de** la maison.

4. QUAND DOIT-ON METTRE UNE MAJUSCULE ?

1. Au début d'une phrase, d'un vers, d'une citation (qu'elle soit entre guillemets ou non).
Exemples :
– Il est arrivé en retard.
– Les sanglots longs
 Des violons
 De l'automne... (Verlaine).
– Il cria : « Entrez. »

2. Aux noms propres de personnes, de lieux, de monuments, d'œuvres, de revues et de journaux, de peuples, etc...
Exemples : les Dupont, le Louvre, le journal *Le Monde,* un Français (mais on dira : la cuisine française, car « française » est ici adjectif).

3. Aux termes de politesse : Monsieur, Madame, Mademoiselle.
Exemples : Veuillez agréer, Monsieur, l'expression de mes sentiments distingués.
Notez que lorsqu'on cite le nom d'une personne à laquelle on ne s'adresse pas directement, ces mots s'écrivent en abrégé : Mme Garnier, M. Breton.

4. Aux termes marquant les titres ou les qualités d'une personne, dans certaines appellations .
Exemples :
– Un arrêté du Ministre de l'Intérieur (mais on dira : le ministre n'est pas à Paris).
– Monsieur le Maire a prononcé un discours (mais on dira : c'est le maire du village).
– Faut-il l'opérer, Docteur? (mais on dira : il est docteur en médecine).

5. A certains termes historiques, géographiques ou qui désignent des entités, des êtres ou des abstractions personnifiés.
Exemples :
– La cinquième République.
– Nous partons dans le Midi.
– Les lois de l'État.
– L'Église catholique (mais on dira : « aller à l'église »).
– La tombe du Soldat inconnu.
Notez que l'on écrira :
« La fête de la Saint-Jean » (nom propre) mais « l'évangile de saint Jean » (saint est ici un adjectif).

5. TOLÉRANCES GRAMMATICALES OU ORTHOGRAPHIQUES

Article premier. — La liste annexée à l'arrêté du 26 février 1901 susvise est remplacée par la liste annexée au présent arrêté.

Art. 2. — Le directeur général de la Programmation et de la Coordination, le directeur des Lycées, le directeur des Collèges et le directeur des Ecoles sont chargés, chacun en ce qui le concerne, de l'exécution du présent arrêté.

Le ministre de l'Education.

René HABY.

Annexe

Tolérances grammaticales ou orthographiques.

Dans les examens ou concours dépendant du ministère de l'éducation et sanctionnant les étapes de la scolarité élémentaire et de la scolarité secondaire, qu'il s'agisse ou non d'épreuves spéciales d'orthographe il ne sera pas compté de fautes aux candidats dans les cas visés ci-dessous.

♣

Chaque rubrique comporte un, deux ou trois articles affectés d'un numéro d'ordre. Chaque article comprend un ou plusieurs exemples et un commentaire encadré.

Les exemples et les commentaires se présentent sous des formes différentes selon leur objet.

Premier type :

Dans l'emploi de certaines expressions, l'usage admet deux possibilités sans distinguer entre elles des nuances appréciables de sens.

Il a paru utile de mentionner quelques-unes de ces expressions. Chaque exemple est alors composé de deux phrases placées l'une sous l'autre en parallèle. Le commentaire se borne à rappeler les deux possibilités offertes par la langue.

Deuxième type :

Pour d'autres expressions, l'usage admet une dualité de tournures, mais distingue entre elles des nuances de sens ; le locuteur ou le scripteur averti accorde sa préférence à l'une ou à l'autre selon ce qu'il veut faire entendre ou suggérer.

Les rubriques qui traitent de ce genre d'expressions conservent, pour chaque exemple, deux phrases parallèles, mais le commentaire se modèle sur un schéma particulier. Dans un premier temps, il rappelle les deux possibilités en précisant que le choix, entre elles, relève d'une intention ; dans un second temps, il invite les correcteurs à ne pas exiger des candidats la parfaite perception de tonalités parfois délicates de la pensée ou du style. La tolérance est introduite par la succession des deux formules : « L'usage admet, selon l'intention, ... » et : « On admettra... dans tous les cas ».

Troisième type :

La dernière catégorie est celle des expressions auxquelles la grammaire, dans son état actuel, impose des formes ou des accords strictement définis, sans qu'on doive nécessairement considérer tout manquement à ces normes comme l'indice d'une défaillance du jugement ; dans certains cas, ce sont les normes elles-mêmes qu'il serait difficile de justifier avec rigueur, tandis que les transgressions peuvent procéder d'un souci de cohérence analogique ou logique.

Dans les rubriques qui illustrent ces cas, chaque exemple est constitué par une seule phrase, à l'intérieur de laquelle s'inscrit entre parenthèses la graphie qu'il est conseillé de ne pas sanctionner. Selon la nature de la question évoquée, le commentaire énonce simplement la tolérance ou l'explicite en rappelant la règle.

♣

Parmi les indications qui figurent ci-après, il convient de distinguer celles qui précisent l'usage et celles qui proposent des tolérances. Les premières doivent être enseignées. Les secondes ne seront prises en considération que pour la correction des examens ou concours ; elles n'ont pas à être étudiées dans les classes et encore moins à se substituer aux connaissances grammaticales et orthographiques que l'enseignement du français doit s'attacher à développer.

I. — LE VERBE

1. Accord du verbe précédé de plusieurs sujets à peu près synonymes à la troisième personne du singulier juxtaposés :

La joie, l'allégresse s'empara (s'emparèrent) *de tous les spectateurs.*

> L'usage veut que, dans ce cas, le verbe soit au singulier
> On admettra l'accord au pluriel.

2.

2 a. Accord du verbe précédé de plusieurs sujets à la troisième personne du singulier unis par *comme, ainsi que* et autres locutions d'emploi équivalent :

Le père comme le fils mangeaient *de bon appétit.*
Le père comme le fils mangeait *de bon appétit.*

> L'usage admet, selon l'intention, l'accord au pluriel ou au singulier.
> On admettra l'un et l'autre accord dans tous les cas.

2 b. Accord du verbe précédé de plusieurs sujets à la troisième personne du singulier unis par *ou* ou par *ni* :

Ni l'heure ni la saison ne conviennent *pour cette excursion.*
Ni l'heure ni la saison ne convient *pour cette excursion.*

> L'usage admet, selon l'intention, l'accord au pluriel ou au singulier.
> On admettra l'un et l'autre accord dans tous les cas.

3. Accord du verbe quand le sujet est un mot collectif accompagné d'un complément au pluriel :

A mon approche, une bande de moineaux s'envola.
A mon approche, une bande de moineaux s'envolèrent.

> L'usage admet, selon l'intention, l'accord avec le mot collectif ou avec le complément.
> On admettra l'un et l'autre accord dans tous les cas.

4. Accord du verbe quand le sujet est *plus d'un* accompagné ou non d'un complément au pluriel :

Plus d'un de ces hommes m'était *inconnu.*
Plus d'un de ces hommes m'étaient *inconnus.*

> L'usage admet, selon l'intention, l'accord au pluriel ou au singulier.
> On admettra l'un et l'autre accord dans tous les cas.

5. Accord du verbe précédé de *un des... qui, un de ceux que, une des... que, une de celles qui,* etc. :

La Belle au bois dormant est un des contes qui charment *les enfants.*
La Belle au bois dormant est un des contes qui charme *les enfants.*

> L'usage admet, selon l'intention, l'accord au pluriel ou au singulier.
> On admettra l'un et l'autre accord dans tous les cas.

6. Accord du présentatif *c'est* suivi d'un nom (ou d'un pronom de la troisième personne) au pluriel :

Ce sont là de beaux résultats.
C'est là de beaux résultats.

C'étaient ceux que nous attendions.
C'était ceux que nous attendions.

> L'usage admet l'accord au pluriel ou au singulier.

7. Concordance des temps.

J'avais souhaité qu'il vînt (qu'il vienne) *sans tarder.*
Je ne pensais pas qu'il eût oublié (qu'il ait oublié) *le rendez-vous.*

J'aimerais qu'il fût (qu'il soit) *avec moi.*
J'aurais aimé qu'il eût été (qu'il ait été) *avec moi.*

> Dans une proposition subordonnée au subjonctif dépendant d'une proposition dont le verbe est à un temps du passé ou au conditionnel, on admettra que le verbe de la subordonnée soit au présent quand la concordance stricte demanderait l'imparfait, au passé quand elle demanderait le plus-que-parfait.

8. Participe présent et adjectif verbal suivis d'un complément d'objet indirect ou d'un complément circonstanciel :

La fillette, obéissant *à sa mère, alla se coucher.*
La fillette, obéissante *à sa mère, alla se coucher.*

J'ai recueilli cette chienne errant *dans le quartier.*
J'ai recueilli cette chienne errante *dans le quartier.*

> L'usage admet que, selon l'intention, la forme en - *ant* puisse être employée sans accord comme forme du participe **ou** avec accord comme forme de l'adjectif qui lui correspond.
> On admettra l'un et l'autre emploi dans tous les cas.

9. Participe passé conjugué avec *être* dans une forme verbale ayant pour sujet *on* :

On est resté (restés) *bons amis.*

> L'usage veut que le participe passé se rapportant au pronom *on* se mette au masculin singulier.
> On admettra que ce participe prenne la marque du genre et du nombre lorsque *on* désigne une femme ou plusieurs personnes.

10. Participe passé conjugué avec *avoir* et suivi d'un infinitif :

Les musiciens que j'ai entendus (entendu) *jouer.*
Les airs que j'ai entendu (entendus) *jouer.*

> L'usage veut que le participe s'accorde lorsque le complément d'objet direct se rapporte à la forme conjuguée et qu'il reste invariable lorsque le complément d'objet direct se rapporte à l'infinitif.
> On admettra l'absence d'accord dans le premier cas. On admettra l'accord dans le second, sauf en ce qui concerne le participe passé du verbe *faire*.

11. Accord du participe passé conjugué avec *avoir* dans une forme verbale précédée de *en* complément de cette forme verbale :

J'ai laissé sur l'arbre plus de cerises que je n'en ai cueilli.
J'ai laissé sur l'arbre plus de cerises que je n'en ai cueillies.

> L'usage admet l'un et l'autre accord.

12. Participe passé des verbes tels que : *coûter, valoir, courir, vivre,* etc., lorsque ce participe est placé après un complément :

Je ne parle pas des sommes que ces travaux m'ont coûté (coûtées).
J'oublierai vite les peines que ce travail m'a coûtées (coûté).

> L'usage admet que ces verbes normalement intransitifs (sans accord du participe passé) puissent s'employer transitivement (avec accord) dans certains cas.
> On admettra l'un et l'autre emploi dans tous les cas.

13. Participes et locutions tels que *compris* (*y compris, non compris*), *excepté, ôté, étant donné, ci-inclus, ci-joint* :

13 a. *Compris* (*y compris, non compris*), *excepté, ôté* :

J'aime tous les sports, excepté *la boxe* (exceptée la boxe).
J'aime tous les sports, la boxe exceptée (la boxe excepté).

> L'usage veut que ces participes et locutions restent invariables quand ils sont placés avant le nom avec lequel ils sont en relation et qu'ils varient quand ils sont placés après le nom.
> On admettra l'accord dans le premier cas et l'absence d'accord dans le second.

13 b. *Etant donné :*

Etant données *les circonstances...*
Etant donné *les circonstances...*

> L'usage admet l'accord aussi bien que l'absence d'accord.

13 c. *Ci-inclus, ci-joint :*

Ci-inclus (ci-incluse) *la pièce demandée.*
Vous trouverez ci-inclus (ci-incluse) *copie de la pièce demandée.*

Vous trouverez cette lettre ci-incluse.
Vous trouverez cette lettre ci-inclus.

> L'usage veut que *ci-inclus, ci-joint* soient :
> invariables en tête d'une phrase ou s'ils précèdent un nom sans déterminant;
> variables ou invariables, selon l'intention, dans les autres cas.
> On admettra l'accord ou l'absence d'accord dans tous les cas.

II. — LE NOM

14. Liberté du nombre.

14 a :

De la gelée de groseille.
De la gelée de groseilles.

Des pommiers en fleur.
Des pommiers en fleurs.

> L'usage admet le singulier et le pluriel.

14 b :

Ils ont ôté leur chapeau.
Ils ont ôté leurs chapeaux.

> L'usage admet, selon l'intention, le singulier et le pluriel.
> On admettra l'un et l'autre nombre dans tous les cas.

15. Double genre :

Instruits (instruites) *par l'expérience, les vieilles gens sont très prudents* (prudentes) : *ils* (elles) *ont vu trop de choses.*

> L'usage donne au mot *gens* le genre masculin, sauf dans des expressions telles que : *les bonnes gens, les vieilles gens, les petites gens.*
> Lorsqu'un adjectif ou un participe se rapporte à l'une de ces expressions ou lorsqu'un pronom la reprend, on admettra que cet adjectif, ce participe, ce pronom soient, eux aussi, au féminin.

16. Noms masculins de titres ou de professions appliqués à des femmes :

Le français nous est enseigné par une dame. Nous aimons beaucoup ce professeur. Mais il (elle) *va nous quitter.*

> Précédés ou non de *Madame,* ces noms conservent le genre masculin ainsi que leurs déterminants et les adjectifs qui les accompagnent.
> Quand ils sont repris par un pronom, on admettra pour ce pronom le genre féminin.

17. Pluriel des noms :

17 a. Noms propres de personnes :

Les Dupont (Duponts). *Les Maréchal* (Maréchals).

> On admettra que les noms propres de personnes prennent la marque du pluriel.

17 b. Noms empruntés à d'autres langues :

Des maxima (des maximums). *Des sandwiches* (des sandwichs).

> On admettra que, dans tous les cas, le pluriel de ces noms soit formé selon la règle générale du français.

III. — L'ARTICLE

18. Article devant *plus, moins, mieux* :

Les idées qui paraissent les plus *justes sont souvent discutables.*
Les idées qui paraissent le plus *justes sont souvent discutables.*

> Dans les groupes formés d'un article défini suivi de *plus, moins, mieux* et d'un adjectif ou d'un participe, l'usage admet que, selon l'intention, l'article varie ou reste invariable.
>
> On admettra que l'article varie ou reste invariable dans tous les cas.

IV. — L'ADJECTIF NUMÉRAL

19. Vingt et *cent* :

Quatre-vingt-dix (quatre vingts dix) *ans.*
Six cent trente-quatre (six cents trente quatre) *hommes.*
En mil neuf cent soixante-dix-sept (mille neuf cents soixante dix sept).

> On admettra que *vingt* et *cent*, précédés d'un adjectif numéral à valeur de multiplicateur, prennent la marque du pluriel même lorsqu'ils sont suivis d'un autre adjectif numéral.
>
> Dans la désignation d'un millésime, on admettra la graphie *mille* dans tous les cas.
>
> *N. B.* — L'usage place un trait d'union entre les éléments d'un adjectif numéral qui forment un ensemble inférieur à cent.
> On admettra l'omission du trait d'union.

V. — L'ADJECTIF QUALIFICATIF

20. *Nu, demi* précédant un nom :

Elle courait nu-pieds *(nus pieds).*
Une demi-heure *(demie heure) s'écoula.*

> L'usage veut que *nu, demi* restent invariables quand ils précèdent un nom auquel ils sont reliés par un trait d'union.
>
> On admettra l'accord.

21. Pluriel de *grand-mère, grand-tante*, etc. .
Des grand-*mères*.
Des grands-*mères*.

L'usage admet l'une et l'autre graphie.

22. *Se faire fort de… :*
Elles se font fort (fortes) *de réussir*.

On admettra l'accord de l'adjectif.

23. *Avoir l'air :*
Elle a l'air doux.
Elle a l'air douce.

L'usage admet que, selon l'intention, l'adjectif s'accorde avec le mot, *air* ou avec le sujet du verbe *avoir*.
On admettra l'un et l'autre accord dans tous les cas.

VI. — LES INDÉFINIS

24. *L'un et l'autre :*
24 a. *L'un et l'autre* employé comme adjectif :
1. *J'ai consulté l'un et l'autre document.*
J'ai consulté l'un et l'autre documents.

2. *L'un et l'autre document m'a paru intéressant.*
L'un et l'autre document m'ont paru intéressants.

1. L'usage admet que, selon l'intention, le nom précédé de *l'un et l'autre* se mette au singulier ou au pluriel.
On admettra l'un et l'autre nombre dans tous les cas.
2. Avec le nom au singulier, l'usage admet que le verbe se mette au singulier ou au pluriel.

24 b. *L'un et l'autre* employé comme pronom :
L'un et l'autre se taisait.
L'un et l'autre se taisaient.

L'usage admet que, selon l'intention, le verbe précédé de *l'un et l'autre* employé comme pronom se mette au singulier ou au pluriel.
On admettra l'un et l'autre nombre dans tous les cas.

25. *L'un ou l'autre, ni l'un ni l'autre :*
25 a. *L'un ou l'autre, ni l'un ni l'autre* employés comme adjectifs :
L'un ou l'autre projet me convient.
L'un ou l'autre projet me conviennent.

Ni l'une ni l'autre idée ne m'inquiète.
Ni l'une ni l'autre idée ne m'inquiètent.

L'usage veut que le nom précédé de *l'un ou l'autre* ou de *ni l'un ni l'autre* se mette au singulier; il admet que, selon l'intention, le verbe se mette au singulier ou au pluriel.
On admettra, pour le verbe, l'un et l'autre accord dans tous les cas.

25 b. *L'un ou l'autre, ni l'un ni l'autre* employés comme pronoms .
De ces deux projets, l'un ou l'autre me convient.
De ces deux projets, l'un ou l'autre me conviennent.

De ces deux idées, ni l'une ni l'autre ne m'inquiète.
De ces deux idées, ni l'une ni l'autre ne m'inquiètent.

> L'usage admet que, selon l'intention, le verbe précédé de *l'un ou l'autre* ou de *ni l'un ni l'autre* employés comme pronoms se mette au singulier ou au pluriel.
> On admettra l'un et l'autre nombre dans tous les cas.

26. Chacun :

Remets ces livres chacun à sa place.
Remets ces livres chacun à leur place.

> Lorsque *chacun*, reprenant un nom (ou un pronom de la troisième personne) au pluriel, est suivi d'un possessif, l'usage admet que, selon l'intention, le possessif renvoie à *chacun* ou au mot repris par *chacun*.
> On admettra l'un et l'autre tour dans tous les cas.

VII. — « MÊME » et « TOUT »

27. Même :

Dans les fables, les bêtes mêmes parlent.
Dans les fables, les bêtes même parlent.

> Après un nom ou un pronom au pluriel, l'usage admet que *même*, selon l'intention, prenne ou non l'accord.
> On admettra l'une ou l'autre graphie dans tous les cas.

28. Tout :

28 a. *Les proverbes sont de* tout *temps et de* tout *pays.*
Les proverbes sont de tous *temps et de* tous *pays.*

> L'usage admet, selon l'intention, le singulier ou le pluriel.

28 b. *Elle est* toute (tout) *à sa lecture.*

> Dans l'expression *être tout à...*, on admettra que *tout*, se rapportant à un mot féminin, reste invariable.

28. c. *Elle se montra* tout (toute) *étonnée.*

> L'usage veut que *tout*, employé comme adverbe, prenne la marque du genre et du nombre devant un mot féminin commençant par une consonne ou un *h* aspiré et reste invariable dans les autres cas.
> On admettra qu'il prenne la marque du genre et du nombre devant un nom féminin commençant par une voyelle ou un *h* muet.

29. *Je crains qu'il* ne *pleuve.*
Je crains qu'il pleuve.

L'année a été meilleure qu'on ne *l'espérait.*
L'année a été meilleure qu'on l'espérait.

> L'usage n'impose pas l'emploi de *ne* dit explétif.

IX. — ACCENTS

30. Accent aigu :
Assener (asséner); *referendum* (référendum).

> Dans certains mots, la lettre *e*, sans accent aigu, est prononcée [é] à la fin d'une syllabe.
> On admettra qu'elle prenne cet accent — même s'il s'agit de mots d'origine étrangère — sauf dans les noms propres.

31. Accent grave :
Evénement (évènement); *je céderai* (je cèderai).

> Dans certains mots, la lettre *e* avec un accent aigu est généralement prononcée [è] à la fin d'une syllabe.
> On admettra l'emploi de l'accent grave à la place de l'accent aigu.

32. Accent circonflexe :
Crâne (crane); *épître* (épitre); *crûment* (crument).

> On admettra l'omission de l'accent circonflexe sur les voyelles *a, e, i, o, u* dans les mots où ces voyelles comportent normalement cet accent, sauf lorsque cette tolérance entraînerait une confusion entre deux mots en les rendant homographes (par exemple : *tâche/tache ; forêt/foret ; vous dîtes/vous dites ; rôder/roder; qu'il fût/il fut*).

X. — TRAIT D'UNION

33. *Arc-en-ciel* (arc en ciel); *nouveau-né* (nouveau né); *crois-tu ?* (crois tu ?); *est-ce vrai ?* (est ce vrai ?); *dit-on* (dit on); *dix-huit* (dix huit); *dix-huitième* (dix huitième); *par-ci, par-là* (par ci, par là).

> Dans tous les cas, on admettra l'omission du trait d'union, sauf lorsque sa présence évite une ambiguïté (*petite-fille/petite fille*) ou lorsqu'il doit être placé avant et après le *t* euphonique intercalé à la troisième personne du singulier entre une forme verbale et un pronom sujet postposé (*viendra-t-il ?*).

♣

OBSERVATION

Dans les examens ou concours visés en tête de la présente liste, les correcteurs, graduant leurs appréciations selon le niveau de connaissances qu'ils peuvent exiger des candidats, ne compteront pas comme fautes graves celles qui, en dehors des cas mentionnés ci-dessus, portent sur de subtiles particularités grammaticales.

INDEX

B

F

O

P

S

156

XYZ

COLLECTION PROFIL

Ateliers SEPC à Saint-Amand (Cher), France. (III-1987).
Dépôt légal : mars 1987. Nº d'édit. : 9679. Nº d'imp. : 344.

IMPRIMÉ EN FRANCE